攻略情

塔羅

透視關係

塔羅牌——「古老解讀問題的工具」

塔羅牌，相傳與其相似的紙牌，最早歷史可追溯至14世紀的歐洲。作為一種古老的解讀問題工具，能夠幫助我們深入了解人與各種關係（家庭、工作、感情、人際關係）的本質。透過塔羅牌的啟發，可以揭示出關係中的動態、隱含的意義和未來的發展方向。

（本書文字以偉特塔羅為原形，書中圖案為獨創元素簡化版，方便讀者更簡單了解牌義。）

☀Contents

Prologue

緣起

讓影子成為背後力量

那個月黑風高的夜讓人記憶猶新，我還記得那天傍晚的紅霞紅得令人目不轉睛。因為那陣子工作的停滯不前，我開車去了一個很陌生的路口，那邊剛好有一間氣氛不錯的咖啡廳。

我拿上筆電，想讓自己享受完全陌生的靜謐，順一口拿鐵的濃醇。

我剛戴上耳機，身邊走近一位戴貝雷帽的男子。

「妳好，我是這間店合作的塔羅牌老師，我們現在有活動，點咖啡可以免費抽一張牌，我幫妳解牌。」

瞬間我為了剛開始的靜謐被打擾，感到有些許不耐煩起來。

「我只想一個人待著。」

「妳想一個人待著，一定有原因，既然是免費的，何不抽牌看看有沒有不一樣的視角讓妳思考？」

我第一次遇到一個不圖利自己，而是從關心別人開始的搭訕。我斡旋了好一陣子，仍不見這人要放棄，我就這樣帶著半不甘願的心情抽了一張牌，我永遠記得那是一張戰車牌。

就是這張戰車牌，讓我對塔羅牌，從不耐、陌生到後來的「玄學」，燃起了新的火花。

✧ 看見心中的那道光

時光飛逝，外頭的紅霞陡然已變成黑夜，從起初半信半疑的我，開始問起了所有那陣子自己需要解答的問題。他的耐心，給了我思考選擇的空間；他的引導，給了我狹路中的一絲亮光。順順地走進塔羅牌世界，揭開一些它神秘的面紗。

這位循循善誘的貝雷帽男子，就是Mit。

這樁故人舊事今日再提起，是我與 Mit 老師的初次相遇，那可不是什麼浪漫的偶像劇情節。但我想，塔羅牌其實可以是個很簡單的溝通、交流工具，如果你想要與人建立更深入的交流關係，請收下這本書。

因為Mit老師對生命與塔羅的熱情，開啟了我接觸塔羅這個神秘領域，每個人都有影子（黑暗面），但如果選擇轉向陽光這面，影子會成為我們身後的支柱與養分。這給予了我很多與人相處時，知道應對進退的技巧，有時候這道光，可以是別人的燈塔。

所以這本書不是要你成為什麼塔羅大師，而是在自己的人生旅途中，找到那個探究自我深處的可能性。

常聽見前輩說的一句話：「懂得愛自己，才會懂得愛別人。」

當你在迷惘時，可以從牌陣為自己的大小事情找到方向，這會是一件很紓壓的事情，且還可以跟自己來一場深度談話。

所以一起來學塔羅牌吧！

塔羅牌其實可以很簡單，藉由 Mit 老師深入淺出的分享與導引，以及每張卡牌的深刻含意，伸出手，一起倘佯這趟心靈之旅！

澄澄

Chapter 1

揭開塔羅牌
神秘面紗

塔羅牌是由78張牌組成的解讀工具，每張牌都有其不同的象徵和意義。其中22張大阿爾克那（又稱大秘儀牌、大塔羅、大牌，Major Arcana）代表著生命中的重要轉折和意義深遠的事件，而剩下的56張小阿爾克那（又稱小秘儀牌、小塔羅、小牌，Minor Arcana）則代表著生活中的日常事物和情境。

認識塔羅牌及與人關係

很多人常問我，為何要算塔羅牌呢？塔羅牌是一種連結自我與他人的工具，可讓自己充滿魅力！

當你專注在一件事情上即可產生魅力。

魅力是一種神奇的力量，它能夠讓人們被吸引，並與你產生連結。無論是在個人生活中還是工作場合，用魅力吸引他人都是一項重要的技巧。

內在的魅力源於自信和真誠。當你對自己充滿自信，並展現出真實的自我，你會散發出一種獨特魅力，吸引他人目光。與此同時，保持積極樂觀態度，對他人友善和關心，是彰顯內在魅力重要因素。

✧ 如何用塔羅與人互動

想要與人互動使用塔羅的話，可以這麼做：

1.解釋牌卡：展示對塔羅卡牌的深入了解和知識，解釋每張卡牌的象徵意義、圖像和可能的解讀方法。

進行公開的塔羅解析演示，展示自己的解析技巧和能力。可以邀請他人提出問題，並使用塔羅卡牌進行解析，然後解釋結果。

2.**建立連結：**在開始塔羅讀牌之前，先與對方建立連結和信任，確保對方願意參與並對此持開放態度。

3.**共享體驗：**邀請對方參與塔羅讀牌的過程，可以讓對方自己挑選卡牌或者參與解讀，這樣有助於增進彼此之間的互動和交流。

4.**提供支持：**塔羅卡牌可以提供洞察和啟示，但重要的是要以支持和鼓勵的方式給予對方意見。關注對方的需求，並給予正面的指導。

5.**建立共同體：**利用塔羅與人拉進關係時，可以讓兩人都覺得他們是共同體的一部分。共享卡牌的意義和解讀，並將其應用於彼此的生活中。

展現牌卡與生命經驗連結

你也可以結合小阿爾克那牌（小牌）的解法，帶入生命靈數、土水火風元素、牌義的感覺，三者一起解牌。

小阿爾克那牌上的數字，分別象徵：**1：開始、2：合作、3：成長、4：鞏固、5：改變、6：關心、7：分析、8：力量、9：智慧、10：完整**。

小阿爾克那在四元素（土水火風）的牌組裏，都有其專屬的宮廷牌，四個基本角色包括了：**侍從、騎士、皇后、國王、分別代表：1：孩童、2青少年、3母親、4父親**。

同時也可用「脈輪」來解牌，脈輪又被稱為剎那（Chakra）在梵語中意為「輪子」。脈輪，是古代印度哲學和瑜珈的重要概念之一，代表人體的七個主要能量中心，從尾骨到頭頂排列於身體中軸者，七大輪位，分別為**「海底輪」、「臍輪」、「太陽神經輪」、「心輪」、「喉輪」、「眉心輪」、「頂輪」**。

每個脈輪與特定的身體器官、情感、思維和精神層面相關聯。

7 頂輪 松果體

6 眉心輪 腦垂體

5 喉輪 甲狀腺

4 心輪 胸腺

3 太陽神經輪 腎

2 臍輪 肝、腎、脾

1 海底輪 生殖腺 / 卵巢

脈輪相對應人體位置圖

Chapter 2

生命指引的
大塔羅

塔羅牌的0-21號牌通常被稱為「大阿爾克那」、「大秘儀」、「大塔羅」等。從「愚者The Fool」到「世界The World」，而整組「大塔羅」，可從「人」、「神」或「自然」來串出一個大的完整人生故事。當個案誠心想著自己的問題，塔羅牌豐富鮮明的圖像將給予大方向的指引。

從大阿爾克那故事的聯想

面對未來，放鬆是必要的！當你無法放鬆，就會被情緒影響，然而事前的準備，會創化出你意想不到的滿意結果。

每件事情的發生都會有他背後的意義，當自己有內在想法時，就會知道自己在做什麼，而不會被外在事務影響。

當你使用女性特質時會有溫柔的能量影響著；當你使用男性的特質時，會有穩定的力量支持著；當你負起責任時，也就是你提升的開始。

除此之外，適當的規範也是需要的，我們必須在規範中創造自由，讓自由與規範並進，這樣會讓你的生活更具吸引力。

每個人都有愛，愛就是心裡的感受，它是真實的存在，但必須真正了解你所想要的，愛你的人、愛你的車、朋友、家人……這些都是愛。

佛家講「慈悲」，也是一種愛，它是對眾生的愛，珍惜就是愛。

當你進入家庭時，會有很多的責任，必須保護自己的家，當然要進入家庭時，必須要做個決定，讓人生走入另一個階段的決定，所以千萬不要一直猶豫不決，因為這樣會浪費你很多能量跟時間。

✧ 學習展現自我的力量

展現自己的力量有很多方法，每個人都有他自己的力量的展現，以柔克剛、剛中帶柔、柔中帶硬，適當的時間做適當的事情。除了做事方法，最主要的是要有內在目標，展現內在力量，可以運用之前的經驗，然後做整合，這樣做的話將形成你獨特的能力。

好的環境會有好的學習，所有發生的事情都是讓你去體驗跟學習的。人生難免有起有落、時好時壞，所以當你用平常心去面對時，自然的心情也就會放鬆許多。面對社會上許多不公的事情，這時候你需要靜下心來觀察，宇宙自有定律，當法律失去效力的時候，背後是有原因的，這些原因不是目前的資訊可以得知，它必須依循宇宙定律的實行。

所謂的公平正義是需要拉長時間來看待，或許這時間會超過好幾百年，當你有這樣的認知時，視野自然會拉高許多。所以發生問題時，換個角度想或是轉念是重要的。

當你要達到目的，別忘了背後是需要付出代價的，不管是時間、金錢還是精神上的投入，這些都是自願犧牲所換來的事物，但也有可能會失敗，但這些也是一種經驗，也是一種所得。

當你利用之前的經驗時你將會重生，會有新的境界思考，經歷過失去或者失敗，更能知道自己想要的是什麼？會有內外的平衡，讓你自己成長、用自己的節奏學習、用中庸之道來實踐自己的生活，可以讓你完全的自由。

然而自由的基礎，需要滿足基本的生活需求，關於柴米油鹽醬醋茶都是最基礎生活必須，所以照顧自己的神性、也要照顧自己的人性、兩者是可以兼得的。

✧接納一切，就會重生

人生活在四季變化的空間裡面，突然發生變化時，該如何應對「無常」發生時，該如何轉念這就是真功夫了，通常有人會去逃避現實發生的狀況，然而這樣只會拖延而已。

當你勇於面對所有自己的時候，全力以赴的時候，自然就會有人來幫助你。

然而控制情緒是重要的，每個人都有個性黑暗的那一面，就如白天和夜晚的差別，重點是如何控制它，才不會影響生活。

　　除此之外，樂觀熱誠也是重要的，當你用天真熱情的赤子之心去面對問題或生活時，相信都會突破所有的瓶頸。

　　接下來就要接受你自己的黑暗面，接納所有的你，沒有好壞、它都是你的一部分。當你接納你所有的一切、不再審判你自己時，你就重生了。這樣會是以完全不同的視野在看待問題，這種拉高角度來看待事情的方法，會使你一切更圓滿。

解讀
大阿爾克那
塔羅

MAJOR ARCANA

0 愚者

0 愚者 | 正位

0 愚者 | 逆位

· 概　義 ·

正位：輕鬆、從零開始、放鬆、陪伴、冒險、天王星。

逆位：不輕鬆、不快樂、無法歸零、衝動、沒有計畫、無法展現自
　　　己、不敢冒險。

· 解　析 ·

撲克牌中的鬼牌就是「愚者」，是遊戲人間、花俏、大智若愚、無
法被定義。衣服上面很多黃色植物的圖案，代表成長，白色則代表
純潔、天真。

零是重新開始，人生有很多時候需要像嬰兒一樣重新開始，這是一
個選擇而非被迫。

✧ 解牌心語 ✧

愚者帶著過去經驗，但願意歸零並鼓起勇氣往下一個旅程邁
進，不畏懼前路可能的風險與危難，因為他知道他的身旁始終
有陪伴。

關係關鍵字：勇敢冒險、快樂、放鬆、陪伴。

1魔術師

1魔術師 | 正位

1魔術師 | 逆位

· 概 義 ·

正位：有所準備、變化、無中生有、聰明、學習力、水星。

逆位：沒有準備好、無法表現、聰明反被聰明誤、不腳踏實地、沒有自信、沒有靈感、無法隨機應變。

▪ 解 析 ▪

想像日常生活什麼時候會需要魔術師？例如學生考試前要準備，就像魔術師表演之前也要準備。

桌上的四個元素，代表地水火風，寶劍、聖杯、錢幣跟權杖，代表可以運用他的資源，運用自如，腰帶裡面有兩隻蛇，蛇代表陰暗面，奸詐或是比較內在的東西，不擇手段，或是比較看不到的東西，同時蛇也代表無限循環的能量，畫面中除了黃色還有紅色，紅色代表海底輪，就像魔術師為了賺錢會用些小聰明。

牌面上很多的花代表天真，所以我們看魔術的時候一定要天真，也代表生長與成長，上面的花是有設計過的，代表做事情的時候需要經過一些規畫設計，可以用魔術師的方式去運作，但是要有一些隨機應變，魔術師通常不會太單純，要有計畫有準備，工作方面，要經過準備，運用資源，不然單打獨鬥會比較辛苦，也可以運用一些小聰明的方式來面對，展現自信，發展自己的特質，搭配生命靈數1，代表獨立或獨立思考，要把決定權留在自己身上。

◇ 解牌心語 ◇

如果問工作時，可說是以獨立思考的角度來面對工作，主導權在自己身上，可以連結的東西有很多，包含變魔術之前的準備工作，還有看牌的感覺。魔術師是有自信的，頭上無限大的符號，代表經驗的累積，擁有豐富的舞台經驗，可以掌控，強烈的自信，權杖代表主導權，在變魔術的時候，他是最大的，擁有權力與自信。解牌時可以利用所有牌面的資源來運作，數字1代表獨立獨創開創，1加魔術師代表有很多可能性。

關係關鍵字：初步了解、運用技巧、新朋友、新技能。

2女祭司

2女祭司｜正位

2女祭司｜逆位

▪ 概 義 ▪

正位：直覺力、精神力、嚴肅、內在想法、形象、月亮。

逆位：失去精神、情緒不穩、建立新的、無法專注、沒有信仰、受
到影響。

· 解 析 ·

代表精神的象徵，女性的修行者，尼姑或修女，獨立的個體，代表智慧。

生命靈數2代表溝通互動，女祭司的表情是中性的，十字架在心輪上，兩旁柱子上的英文字母B和J是守護神的名字，代表二元對立，黑跟白，水代表情緒，月亮代表陰晴圓缺，修行者需要形象，可是他們也會有慾望和情緒，有時候必須壓抑住來維持形象，後面背景的石榴代表女性的子宮，後面的水是平靜的，月亮代表潛意識的內在，其實有很多慾望，在這張牌裡有很多元素是衝突的，代表為了形象去壓抑自己的情緒與慾望。

女祭司代表專注和精神力，十字架直接在心輪上，代表有很多東西被制約住，頭飾代表月亮，陰晴圓缺，頭上帶著頭飾代表頭被罩住，必須壓抑自己的想法，表現出完美的形象，但以精神力來講，女祭司是很專注的，一隻手露出來扶著智慧之書，代表追求智慧，願意做些犧牲。

✧ 解牌心語 ✧

壓抑自己的慾望去配合對方，工作方面也一樣，願意把自己的慾望和情緒壓抑下來，就為了得到這份工作，黑白對立代表沒有灰色地帶，只有對跟錯，彈性比較小，制約比較重，但為了追求成長，渴望得到智慧，所以願意做些犧牲。

關係關鍵字：平靜、壓抑情緒、探索內在。

3 皇后

3 皇后 ｜ 正位

3 皇后 ｜ 逆位

正位：母愛、大地之母、柔性力量、魅力、女權、溫柔、金星。

逆位：家庭不和諧、計畫無進展、不合適的權利、女性的特質受到阻礙。

皇后的原型是母親，大地之母，跟女性和母親有連結，身上穿的衣服圖案是石榴，也是女性象徵，愛心和女性符號都是女性象徵，代表女性主義者，母親的力量，他所代表的權力是有能力的女性，類似德雷莎修女的境界，是有權力的，腳突出來代表行動力。

生命靈數3也代表行動與行動力。這張牌代表著豐富的資源，女性的力量，女性主義，雙腳略微張開，代表這個人不封閉，有著開朗的胸懷，慈愛，母愛的感覺，河流代表資源，水與情緒。

⟡ 解牌心語 ⟡

如果男生問感情抽到這張，就會說你比較讓女生，女生問，就表示對方比較讓你，以女性為主。如果問工作，表示可以運用資源，尋求協助，找到有權力的女性協助，母親的力量也表示可以跟母親做連結。

關係關鍵字：豐收、愛、溫柔、優雅。

4 皇帝

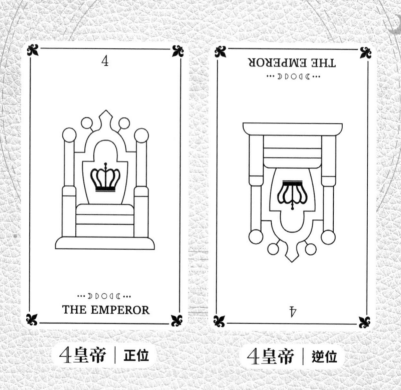

4 皇帝 ┃ 正位

4 皇帝 ┃ 逆位

正位：嚴肅、固執、身體力行、權力、穩定、男性魅力、牡羊座。

逆位：失去權力、不穩定、過於隨和、沒有行動力、缺乏自律、無法展現自己。

· 解 析 ·

和父親有連結，父親是有責任的，所以壓力很大，穿著盔甲，隨時準備要打仗，也因此較少人會了解他，不容易敞開心靈。披在外面的紅色袍子，代表熱情熱忱，但手腳都穿著盔甲，代表這份熱情有時候是偽裝出來的，很難了解內在的想法。座椅兩側有羊頭，跟牡羊座有連結，牡羊座代表熱情活力，所以牡羊座的個性也可以搭配這張牌說出來。

生命靈數4代表穩定，穩定的背後是責任、是壓抑，後面是山，代表穩定的狀況，也代表固執，下面的水流很小，代表壓抑自己的情緒與想法，通常父親的責任很重的話，就會不開心，但握有很大的權力，手中握有球體，代表世界。

✧ 解牌心語 ✧

雖然在扮演父親這個角色的時候，必須表現武裝的形象，但其實還是有柔軟的那一面。

關係關鍵字：威嚴、固執、負責任、承諾、言出必行。

5教皇

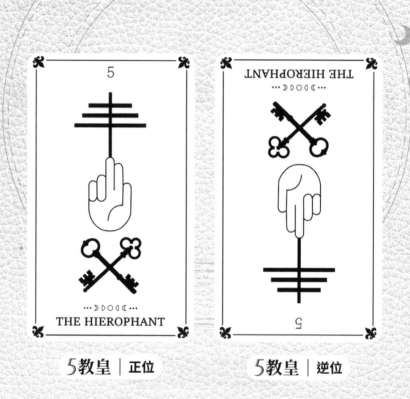

5教皇｜正位　　　　　5教皇｜逆位

▪ 概　義 ▪

正位：心靈提升、自信、規範、心結、注意力、師生、金牛座。

逆位：非主流、必須加強自信、創意、精神目標。

道德規範的束縛，代表老師和學生間的教導，這張牌也跟金牛座有連結，鑽牛角尖，有自己的一套規則不能被打破。

生命靈數5代表自由，所以這張牌也有一種說法是，在規範中創造自由，在自由中創造規範。頭上三跟天線銜接宇宙能量或是上天的文字能量，可是在那個時代，認為只有教皇可以銜接，其他人是不行的，所以會創造一些規範，道德來去約束他的信徒和子民，用宗教的方式奴役信徒。

下面信徒背上的y字型背帶，是古代控制牛或馬的韁繩，目的是要控制對方，假設你不接受我的建議和指導，就是觸犯了神的罪，那兩個信徒的頭頂造型，是代表古代的修行者。教皇耳朵被封起來了，表示聽不進去別人的聲音，他認為他的力量最大，所以他有很多制約，腳是扁的而且被十字架釘住，而且他的海底輪、胃輪和心輪全部被制約，必須依照我的教規，我的律法去做事。他的權力和國王皇后的權力有明顯的區別，他的感覺比較拘謹，相對的，這不見得全然是壞事，有時候的確需要一些教條來規範一些人或狀況。

這張牌包含很強烈的制約訊息，下面的兩把鑰匙，代表心結，或是只是盲目的服從，當教條太強烈規範的時候，有些人會對這樣的規範產生心結，無法解開，立體的鑰匙一上一下，也代表距離和階級，鑰匙旁的四個叉叉代表制約。教皇踩的地板是個長方體，代表階級，教皇認為自己比較大階級比較高，右手手勢表示跟天連結。

穿紅色衣服的國王皇后魔術師和教皇，代表這個人對自己的角色是有熱忱的，紅色也代表海底輪，是為了生存或需求這麼做，所以也可以用脈輪的顏色和感覺來解牌。柱子代表有靠山有支持，有被某種力量支持，這張牌和女祭司有異曲同工的意思，都代表精神的象徵，可是女祭司不會去影響別人，教皇是會影響別人，有慾望想要控制別人。

問事業，表示你的制約很多，想法很多，給自己訂了很多目標方向想法，但你沒有辦法按照實際的狀況來進行，行動力不足，在面對事情的時候，接收到資訊就趕快去做，否則會因為想很多而做不了。

其次是信心不足，這張牌裡有兩種角色，一個是主導的角色，另一個是被主導的角色，所以要看情況去解釋。

問家庭，表示家庭制約家庭業力很重，被家族的規定制約，只能服從，但其實你是可以自己做決定的，只是在規範中你不能創造完整的自由。

問學業，重點是自信，有時候沒辦法把角色定位，以為是老師決定他的分數，可是其實是自己決定自己的分數，會有很多理由去逃避念書，或有很多理由覺得自己不夠好，建議要付出一些心力，在規範中創造自由，不要太鬆散，給自己一些規範，不要太沒自信與灰心。

問感情，可能是受到另一半的制約很嚴重。

關係關鍵字：傳統、安全、穩定、不對等、難溝通、規則、規範。

6戀人

6戀人│正位

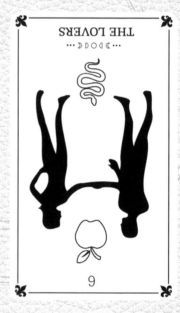

6戀人│逆位

▪ 概　義 ▪

正位：大天使拉菲爾、愛、互相喜歡、情感交流、喜愛、互相了
　　　解、坦誠、雙子座。

逆位：愛情凌駕所有、無法了解對方、未穩定。

夏娃的後面有條蛇，代表物質和誘惑，亞當的後面有火，代表慾望。男生女生重視的不太一樣，女生重視的是心靈層面，男生重視的是物質層面，肉體與性方面的感官，兩者背後都有企圖，而且企圖是一樣的，有慾望有物質兩者是相通的，因為兩顆樹的樹根是連在一起的，所以慾望跟物質其實是一體兩面。

生命靈數6是代表和雙子座有連結，雙子座表示有兩種不同的個性與想法，容易反覆。因為與雙子有連結，也代表反覆，甚至以不同層面來講，也要接受自己有慾望的那塊，例如有些人會排斥性慾，排斥自己認為是骯髒的。

後面的小山代表穩定，但因為山不大，也表示人其實隨時在變化。

天使表示是受到祝福的，也代表精神的象徵，女性是往上看向天使，表示女性想追求更高的心靈成長，可是男性卻是往下看，也暗示著共同信念的重要，在一段感情中，會希望雙方有共同的信念，才會達到一致的目標，天使的眼睛往內看，表示我們在選擇愛情的時候要往內看，而不是往外求。

太陽很大表示有強烈的熱忱和慾望，女生在看男生的角度，和男生看女生的角度是差別很大的。

◆ 解牌心語 ◆

問工作，建議可以跟工作談戀愛，不要只想到不好的事情。問家庭就跟家庭談戀愛，這樣會比較快速，亞當跟夏娃沒有穿衣服，表示坦誠相對，互相了解，沒有任何防備和遮掩，可以從個案的氛圍去感受他了不了解對方，可以建議他要多了解對方，去感受對方背後隱諱的企圖，有時候是需要這樣的狀態，有時候是已經是了。因為和雙子座有連結，也代表反覆，甚至以不同層面來講，也要接受自己有慾望的那塊。

關係關鍵字：吸引力、喜歡、坦誠相對。

7 戰車

7 戰車 │ 正位

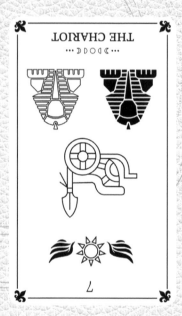

7 戰車 │ 逆位

▪ 概 義 ▪

正位：保護、指揮、抉擇、學會控制、舒適圈、家族、巨蟹座。

逆位：恐懼升高、沒有勇氣、猶豫不決、過於保守。

▪ 解 析 ▪

黑的人面獅身和白的人面獅身，兩者的方向是不一樣的，所以會很難前進，要下一個決定，不要待在舒適圈裡面，人面獅身也表示人性和獸性的結合，表示慾望不夠強烈，動力不足，也代表忽略自己的權勢和權力，明明有權力卻不想用，不想承擔和面對，其實在做任何選擇的時候都有後果，如果把後果想的太嚴重，就會這樣子猶豫不決，無法下決定。

人的肩膀有兩個人臉，一個表情是歡笑，一個是比較生氣，代表在選擇的時候，會有天使與魔鬼這兩面在游移，胸口有一個正方形，戰車和巨蟹座有連結，和家庭有關係。

✧ 解牌心語 ✧

如果是問投資案或感情追求對象時，抽到這張牌，無法找到解決的方式，就再請他抽一張牌，如果抽到愚者，就放空地去做，如果抽到魔術師就叫他準備好去做，抽到女祭司叫他專心的去做，如果抽到國王叫他嚴肅的去做。

這個牌的相反表示很積極努力的面對，如果抽到這張牌的人個性很衝，反而可以建議他休息一下，輪子和戰車下面的正方形形狀的比例，會覺得好像輪子要前進不是那麼容易，代表有很多的制約。人面獅身黑跟白之間在拉扯，又想往左又想往右，沒有辦法統一方向，想要飛翔的翅膀卻鎖在戰車裡面，沒有辦法隨心所欲的行動。

所以這張牌的意思是要下一個決定，去做想做的事情，不要猶豫不決，還有這張牌的整個架構有很多正方形，他本身是防衛的，沒有攻擊的力道，所以他的企圖心比較低，在舒適圈裡不敢前進，下決定的時候會怕選錯，沒有辦法完全的對自己負責任，他其實可以有戰鬥力，只要下定決心就會有力。

關係關鍵字：意志力、糾結、是非對錯。

8 力量

8 力量 | 正位

8 力量 | 逆位

▪ 概 義 ▪

正位：掌控、有把握、無限大、駕輕就熟、馴服、獅子座。

逆位：力量不足、恐懼懷疑、壓抑、無法掌控。

象徵以柔克剛，專注，也有掌控的含意，勇氣、溫柔的力量無限大，這張牌的代表人物是翁山蘇基或德雷莎修女，用溫柔來感化。

「以柔克剛」顧名思義來說，就是要用溫柔的力量來克服對方怒氣或情緒，女神的手勢也有掌控的意味。

身上有很多花，代表大自然，代表成長，代表新的學習的契機。

力量和獅子座有連結，無限大的符號表示力量無限大，女性力量無限大，魔術師的無限大符號表示經驗豐富。

✧ 解牌心語 ✧

在解牌時，要特別注意的是，來到你面前的個案是獅子還是女神？要感覺對方的狀態是哪個角色，如果是獅子那就有可能被掌控，或是已經被掌控。

關係關鍵字：以柔克剛、自我療癒、溫和、內在力量。

9隱者

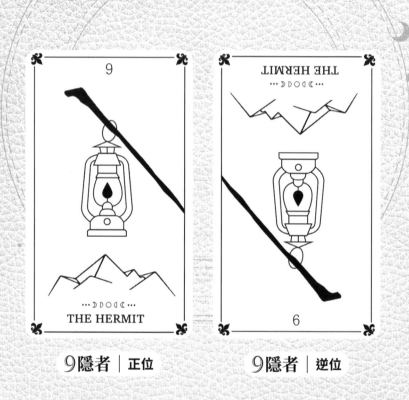

9隱者｜正位　　　9隱者｜逆位

▪ 概 義 ▪

正位：低調、目標、內化、隱藏、細節、初心、處女座。

逆位：沒有想清楚、沒有目標、沒有思考未來、自己定位不明確。

代表內在的方向，內在的智慧，專注在自己想要的，然後用自己的經驗去實現，隱者的年紀是老人，老人是比較有生活歷練的。

這張牌和處女座有連結，所以比較注重細節。灰色代表中性，因為每個人內在的目標不一樣，也代表智慧跟經驗的累積，牌面圖案有一盞燈，這盞燈是有目標有方向的，可是人的眼神卻是閉著往內看，代表單獨但不是孤單。

這張牌還有「支持」的含意，自己支持自己的力量。隱者拿著權杖，權杖代表「熱忱」，用自己的熱忱去支持自我，也代表精神的象徵。

✧ 解牌心語 ✧

比如說問感情或工作事業，表示內在其實已經有些想法，但這些想法可能沒有很確切，但已有初步概念，所以你可以大膽的跟他說，你可以實現你的夢想與想法，不用擔心，因為你已經想好了！

關係關鍵字：獨立、有主見、有目標方向。

10命運之輪

10命運之輪 | 正位

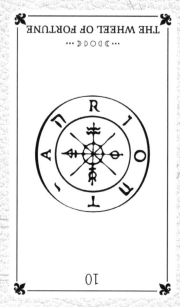

10命運之輪 | 逆位

▪ 概 義 ▪

正位：時間價值、環境、時機、風水輪流轉、木星。

逆位：機會變少、時機不對、壓力變大、急迫、環境影響。

象徵風水輪流轉、學習與成長。

四個吉祥物都在看書,為固定星座金牛座、獅子座、天蠍座、水瓶座。代表當我們有撞擊有考驗的時候,我們會產生某些心境,建議你用學習的心態,羅盤代表方向指引和時間上面的文字是煉金術的文字。

人面獅身拿著劍,代表主導權在自己身上。地獄的使者阿比努斯會旋轉,所以有時風水輪流轉,會輪到壞或好的運氣,也代表轉機、新的方向。所以當我們遇到不好運氣的時候,就是學習的功課。這個轉機不是不好,只是讓我們有學習的機會。

蛇代表物質、誘惑,我們會遇到一些覺得不順心的事情,可是相對的,雲的出現也表示事情隨時在變化。

✧ 解牌心語 ✧

問感情,如果個案覺得很痛苦,可以說,沒關係,這是個學習的過程。塔羅算的時間是三個月至半年,大概三個月之後狀況就會漸漸的好轉,或是可以詢問個案,你在這段感情裡有學習到什麼嗎?如果有,就恭喜你,如果沒有,就可能要再經歷一遍,視問題而定。

關係關鍵字:學習、成長、對的時機、好轉。

11正義

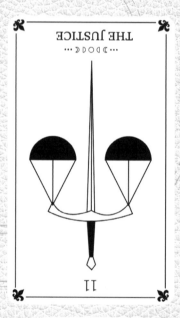

11正義 | 正位

11正義 | 逆位

▪ 概 義 ▪

正位：公平、法律、審理、道理、因果、定律、天秤座。

逆位：延遲、不公平、法律延伸問題。

追求公平，抽到這張牌通常都希望可以得到公平的對待，舉凡法律、公平、規則都是這張牌的意思。

有書上寫說主角是男的，也有人說主角是女的，跟天秤座有連結。

腳突出來代表行動，兩根柱子中間是布幕，布幕的背後真的是正義嗎？正義一定要付出代價，但代價是什麼我們不知道，所以用布幕來形容。布幕的背後有很多的可能性，例如我想追求公平，而這個背後有什麼原因，我們所追求的正義，不一定是正義，而是我們認為的正義，可是如果從不同的角度來看，不見得是正義的，我們認為的公平，可能跟對方認為的公平不一樣，柱子和布幕是連接的，某種程度來說是掛勾，所支持的法律和背後所發生的事件是有原因的，是息息相關的。

法官或主管只能依循固定的法規，但在追求我們以為的公平的時候，可能會失去自己的原則，腳有打開，代表敞開，有的時候也代表身不由己。

劍代表決定的劍，劍跟後面的柱子是連接的，代表他的決定是有所依據，跟法律一樣是有所依據的，就好比是我今天做了這個決定，不是隨便決定的，後面是有法律支持我的。

這張牌也跟法官、上司、主管有關係，有時候主管需要做定奪，需要做些決定或平衡的角色，都跟這些有關係。

頭飾上和心輪的方形表示制約，有時候沒辦法依自己的意願行動，會被法律所制約框架。

穿紅色衣服，紅色代表海底輪與慾望，有時候法律上的公平是為了滿足某些人的慾望，而不一定是真正的公平。

生命靈數11代表兩個1，兩個獨立的個體。我們在追求公平正義的同時，也會有不同的意見跟想法，在追求公平時，也是需要行動的，不是只有講講而已。

✧ 解牌心語 ✧

問感情，就會說你要對自己公平一點，不要一味的付出，很有可能會受傷。問官司，表示可以得到公平的對待。另外要看個案的感覺，有時候是失去平衡，有時候是渴望得到平衡，渴望得到公平的對待。

關係關鍵字：公平、背後的期望、框架、約束。

12吊人

12吊人 | **正位**

12吊人 | **逆位**

▪ 概 義 ▪

正位：自願犧牲、限制、換個角度想、相反方向、海王星。

逆位：投降、頑固、必須等待時機、綁住、無收穫。

這張牌有兩個意思，第一個意思是自願犧牲，這張牌的犧牲指的是別人認定的犧牲。

吊人的表情並不痛苦，是自願的，背後的大樹不是自然生長的樣子，而是經過加工製作的。

這張牌的另一個含意，是換個角度想，接收到新的事物，讓你覺得很開心，從內在升起快樂的心，這和奧修禪卡「新的洞見」有相同的意思。

我們面對的個案有很多是不願意犧牲的，例如，想要有很多錢，可是不想工作，想要得到感情，可是都在家裡不願出門與人來往，所以必須要自願付出。

圖中的吊人雖然被綁手綁腳，可是還是很開心，因為他可以得到自己想要的，所以頭部的部分會發亮。光也表示學習、得到、成長、智慧，得到的東西是從內而外發起的，就好比修行的人必須遵守戒律，自我要求。

抽到這張也可能是需要這樣的狀態，或是已經是這樣的狀態，樹葉表示自然成長生長，表示除了戒律之外，還是需要回歸自然。

這和耶穌的故事有連結，鞋子代表行動，腳掛在樹枝上，表示我們在做這件事的時候需要強烈的行動力，就是「動機」。

這種行動力跟法律的行動力不一樣，法律指的是正義，這裡指的是追求新的方法。另一個層面來說是叛逆的，追求公平的行動，手的部分放在背後，不知道是不是真的被綁起來，衣服的藍色是代表喉輪──訴說。

❖ 解牌心語 ❖

解釋的時候，也可以用換個角度想，以不同角度或甚至相反的角度去講解。因為正常人是不會倒吊的，兩隻腳的位置形成一個十字架，是自己給自我的制約，是自願的。

問健康，可以說你之前對自己太放縱了，需要節制一點，需要自己願意去犧牲美食，或者放棄不適合自己的食物。

關係關鍵字：
心甘情願、自願付出、願意被綑綁、有想法有覺知的決定。

13死神

13死神｜正位

13死神｜逆位

▪ 概 義 ▪

正位：重生、最壞狀況、過去消失、失去、天蠍座。

逆位：抗拒改變、無法自拔、不認輸、向下沉淪。

重生，柳暗花明又一村，新的開始。發生一件事情，最壞就是這樣，躺在地下的人是國王，不願面對的是皇后。小孩子代表天真的人，不會在意，直接面對死神。

教皇把權杖放在地上，表示臣服於死神，也代表權力的消失，大家對死神都有恐懼，而且每個人都會發生一些事件，每個人也都會遇到這類型的事情，可是後面有一艘船，意思是說當你面臨到任何事情的時候，太陽依舊會升起，別人也感覺不到你的存在，也有另一個含意是，我們所遇到的困境是自以為是的困境，其實對旁人來說根本沒影響。

舉例來說，每個人都會面臨死亡，只是什麼時候死不知道。如果太在意執著與恐懼，那就沒有辦法活出自己，所以這張牌更深的意義是「活在當下」。

這張牌和天蠍座有連結，代表獨立、執著，馬的眼睛是紅的，感覺是篤定往前走，旗子要看顏色和配比，中間這個植物的意思是，死神的到來是沒有人能抗拒的，就像植物生長之後也會死亡，這是一個自然現象。

在整個畫面裡面，馬跟骷髏頭所占的比例比較大，也表示我們在面對這個事情的時候，如果沒有辦法接受，就會像這三個角色一樣，不是臣服，就是不願面對，不然就逃避不處理，讓事情腐爛消亡。

唯有天真的人才能真正去面對，就像小朋友一樣，這也說明了死神的力量是很強大的，我們是無法抗拒的，因為每個人都會經歷到。

太陽和愚者的羽毛，代表熱忱和活力，骷髏頭上的羽毛往下垂，代表沒有活力。

太陽代表柳暗花明又一村，新的開始，新的希望。

✧ 解 牌 心 語 ✧

問感情的話，要做最壞的打算，或是有新的開始。

問事業，可能狀況不是太好，因為會失去主導權，權力被剝奪，有的事情無法面對，有些事情不得不低頭，可能必須重來，有些狀況可能不會太舒服。

抽到這張牌也不需要恐懼，因為這些都是必經過程，用天真的心態去面對，不要想太多，過了這關會有新的開始。

關係關鍵字：結束、重生、恐懼、面對。

14 節制

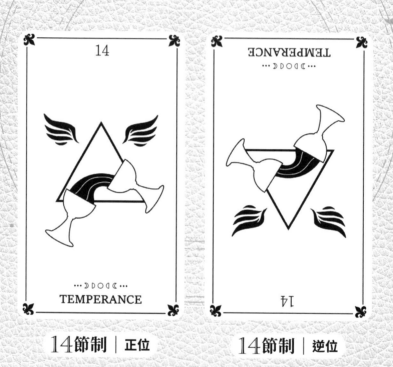

14 節制｜正位   14 節制｜逆位

▪ 概　義 ▪

正位：大天使薩基爾、中庸之道、提升行動力、自由、溝通、心口
　　　合一、用自己的節奏行動、自我實現、射手座。

逆位：不負責任、無法溝通、無法安靜、遮掩、縱情。

象徵表裡一致，第一個意思是中庸之道，不偏不倚。第二個意思是用自己的節奏做事情，兩個水杯一內一外，有水在中間流動，代表內在和外在的平衡。

心輪的圖案代表穩定或向上提升，因為會不停的學習與成長，也具有包容的意思。心輪如果是穩定的話，擁有自己的節奏做事情，就會比較隨心所欲。

天使不是飛在半空中，而是在地上，腳泡在水裡面，一個意思是行動，另一個意思是代表情緒控制是重要的，因為水代表情緒，而畫面中的水並沒有波濤洶湧，所以當你控制自我的情緒，用自己的節奏，往內看的時候，就可以得到很多不同的禮物。

跟射手座有連結，眉心輪發亮，眉心輪是跟宇宙有連結的，代表信任自己的直覺，信任自己的節奏，我們要做到心輪的穩定平衡，掌握自我節奏，內在跟外在表裡一致，還有行動與情緒的控制，就可以得到完全的自由。

當自己到達這個程度的時候，走的每一條路都會是順利的，所以圖中旁邊的那條路是很順的，直接達到終點。花跟樹代表生長跟成長，當我們在面對事情或功課的時候，是會讓我們成長的。

當然我們要用自己的節奏做事情，翅膀代表熱忱跟飛翔，完全的自由。自由就是能做自己想做的事，不被外界所影響。

天使的眼睛是閉起來的，感覺像是在靜心，或是往內看，這張牌比較屬於心靈層面，在面對自己事情的時候，要往內看來做確認，或往內看來穩定自己。

偉特牌內的三個天使不一樣，戀人是表示自己喜愛的事物，沒有武裝沒有防備的去面對，審判是講在面對自己內在黑暗面時，必須原諒自己。

◇ 解牌心語 ◇

這張牌問感情、工作事業，大部分都是被自己的慾望和物質所困擾，只要當個案能控制自我情緒，用自己的節奏，往內心察看的時候，就可以得到很多不同的收穫。

關係關鍵字：平衡、按照自己的步調、走自己的路、內心的交流。

15惡魔

15惡魔｜正位　　　15惡魔｜逆位

▪ 概　義 ▪

正位：限制、不高興、慾望、生活壓力、黑暗、魔羯座。

逆位：捨棄、減少負擔、慢慢開放、物質需求過度或不足。

這張和戀人牌比較，戀人牌的物質和慾望是由後面的兩顆樹表示，
惡魔牌中則變成尾巴上的圖案，跑到身上了，在身體裡面扎了根，
表示重視物質和慾望的程度已不只是表面，而是內在層面了。

頭是羊頭，蝙蝠的翅膀，整個惡魔是由五種動物所組成，包含了夜
行、飛翔還有地上的動物，表示人和大自然的連結是很深的。隱
諱的暗示是輪迴，我們有可能都當過這些動物，也有這些動物的習
性，所以在過程中我們要尊敬大自然，平等的對待動物。

以中性的角度來看，我們跟大自然和動物都是平等的，人類也具有
這些獸性與慾望。

惡魔拿的火炬代表燃燒慾望，頭上五角星的符號是向下的，表示向
下沉淪，本來五角星表示的是正面力量很強大，但相反用在物質慾
望方面的時候，就會被物質所局限。

惡魔右手的手勢表示黑魔法，這張牌顯示的是內在的心境，當我們
被慾望控制的時候，就好像被枷鎖控制，但注意看鍊子其實是有辦
法拿下來的，願不願意拿下來是看自己，而且連著枷鎖與鍊子的柱
子不是立體的，表示是自己綁住自己，是自己創化出來的枷鎖。某
種程度也可能是價值觀，集體意識或家族意識的決定。

兩個人的表情是苦悶的，背景是黑色的，象徵每個人的黑暗面，有
些人是抗拒自己的這一面，但其實每個人都要學習去接納自己的黑
暗，和摩羯座有連結。

✧ 解 牌 心 語 ✧

抽到這張牌表是比較現實與務實。問感情的話，表示你對對方的感情，在比例上可能需要的物質層面比心靈層面多，可能只有兩成是心理，其他都是物質。可能在感情上有些是交換來的，比如說，我要交換一份安全感，我要交換金錢，或是我要交換性，我只要交換比較物質方面的東西，精神層面上比較少，不是真的愛對方，只是愛對方的某一部分，像財產或是其他物質層面的東西，惡魔是人性與獸性的表象。

關係關鍵字：性吸引力、黑暗面、慾望、物質、缺少精神層面。

16高塔

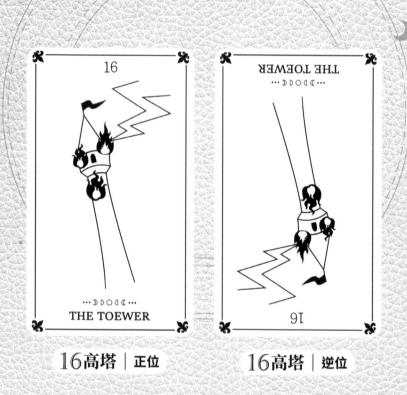

16高塔 │ 正位　　　　16高塔 │ 逆位

▪ 概　義 ▪

正位：逃開、失去、壓力、放掉、放棄、十萬火急、火星。

逆位：無法預警、避免損失、冷靜、逃離、警告。

象徵突如其來的意外狀況，讓人措手不及。人生的過程都會遇到一些突如其來的壓力或事件，就像塔頂突然打下的閃電，讓人必須往下跳，往下跳的國王失去了皇冠與權力，但往下跳未必是不好的。

因為塔底的岩石下方是什麼，我們不知道？當不知道下面的狀況是什麼，是有很多可能性的，而且男生和女生跳的方式不太一樣，一個是往下跳，一個是往後仰，往後仰的皇后裙襬連著窗戶，掛在半空中，代表太留戀的話，反而會不上不下，要的話就直接往下跳，反而會到達一個不同的境界，不同的新視野。

背景的雲代表變化。塔上的火是閃電打下之後著火，代表壓力，或急迫的狀況需要處理。旁邊黃色的點，是跟隨在國王與皇后旁邊，代表影響力或氛圍，這個意外會讓你掛心，影響到自己，就好像是我們常在做一件事情的時候，卻想著另一件事，這個黃點就是這個意思，會影響我們的內在。

這張牌也代表逃避，因為發生事情時並沒有面對，反而是往下跳，這張牌有好幾種講法，好幾個角度可以解讀。這張牌有點像定格，呈現的是掉下來的瞬間，代表速度很快，意外發生的速度也很快。所以如果想轉化，速度也可以很快，這張牌也代表舊有模式的毀壞，對應到光之藏的催魔，奧修禪卡的塔牌。

◇ 解牌心語 ◇

解釋這張牌時，在遇到突如其來的事件的時候，有兩種選擇，第一個是勇敢跳下去，第二個是吊在半空中，如果吊在半空中，就可能會一直懷念，內在裡面一直在掙扎，可是如果勇敢跳下去，可能性就會增加。

關係關鍵字：突發狀況、不願面對的真相、意外。

17星星

17星星 | 正位   17星星 | 逆位

▪ 概 義 ▪

正位：轉機、全力以赴、希望、溝通、貴人相助、水瓶座。

逆位：沒有信心、阻礙、無法全力以赴、沒有目標。

· 解 析 ·

地上已經有水了，還一直在倒水，表示供養與佈施。因為當我們經歷過一些苦難與挫折後，會對大地與眾生有一份供養的心，而且心境是喜樂的，比較接近靈魂層次。

這張牌和水瓶座有連結，理性，比較不受情緒影響。鳥代表貴人，當我們供養眾生或發菩提心，幫助別人的時候，是會被看見的，受到注目的，沒穿衣服的人代表全力以赴，努力做到百分之百，坦誠相對，願意敞開，因為經歷過失去，所以現在珍惜。

另外，在全力以赴的同時，不要求速度快，就像草地上的植物剛萌生而已，意思是要有耐心，慢慢灌溉滋養。做事情的時候，要馬上有成績是很難的，比較像是大我的精神，因為已經歷過一些苦難，漸漸好轉當中，可是如果當對方完全沒有狀況好轉的感覺，那就建議對方這樣做，邀請他佈施，邀請他上課，上課其實也是佈施的一種，對自己佈施，對自己好，佈施也代表無私的愛，包含自己的內在，先照顧好自己也算是佈施的一種，對自己好一點。

八芒星的數字8代表無限大，所以當我們願意全力以赴時，力量是無限大的，八芒星的能量很強，總共有八顆，第八顆特別亮，比較像是心靈層次的目標，剩下七顆排成像北斗七星的形狀，也代表目標與方向。

✧ 解牌心語 ✧

這張牌的特色是,當我願意付出,願意全力以赴的時候,目標通常會達成,有可能是建議對方這樣做,也可以建議做些佈施去幫助別人,會容易受到矚目。

這張牌也代表經歷過很多事件之後的體悟,通常會比較內斂,對大自然會比較敬畏或是產生供養的心。

健康方面,這張牌對應到皮膚,因為皮膚占的面積比較多。

惡魔牌中的六芒星能量也很強,只是它的意思是向下沉淪,以物質為取向,這張牌的牌意,也可以用現實中星星的感覺來解釋,代表希望等。

關係關鍵字:希望、目標、與大自然連結。

18月亮

18月亮 | 正位　　　　　18月亮 | 逆位

▪ 概　義 ▪

正位：時好時壞、心靈、物質壓力、內在意識、雙魚座。

逆位：時好時壞、潛意識、驚恐、壓力過大、情緒不穩。

龍蝦代表防衛，龍蝦在水裡面，水又和情緒連結，代表情緒是陰晴不定的。

月亮的光芒代表影響力，其實人的情緒都會受月亮影響，月亮影響水，影響大海的潮汐。人體內百分之七十也都是水，所以會被月亮所影響，陰晴圓缺，隨時在變化，場景在晚上，也代表了夢境、夢幻，或是迷濛，和晚上有連結。

畫面中的高塔，代表壓力或突如其來的意外，有沒有可能因為情緒會產生突如其來的意外，當我們可以控制情緒的時候，後面的路是會順利的，但是情緒這關要先過，中間的道路在通過高塔之後，也變得比較平順，所以問題在於你能不能通過這突如其來的變化呢？這就考驗你的情緒。

所以當事件發生的時候，越穩定越安定，越能處理突如其來的狀況，就是這張牌的意思，狗跟狼偶爾會對月亮叫，除了表現情緒，也代表慾望，我們的慾望和情緒都是時好時壞，就像月亮的陰晴圓缺，月亮下面的黃點，就如月亮會影響人的情緒，也會影響狼和狗，月亮眼睛閉起來，往內看，也可以跟現實中的月亮做連結。

這張牌主要講的是情緒和夢境，或是不切實際，失眠的夜晚。和雙魚座有連結，優柔寡斷。

✧ 解牌心語 ✧

問事業，情緒會控制你的事業，不要被情緒所影響，不然的話會下錯誤的決定。如果是找工作的人，會建議面試的時候，需要保持穩定的狀態，不要被情緒所影響，晚上要保持好的睡眠，抽到這張通常也表示會比較情緒化。

關係關鍵字：情緒化、陰晴不定、內心隱藏的聲音。

19太陽

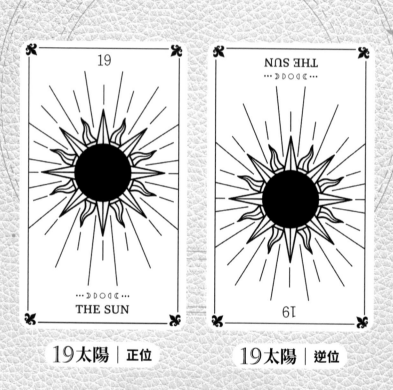

19太陽｜**正位**

19太陽｜**逆位**

正位：**熱忱、方向、天真、目標、主導權在自己。**
逆位：**有熱忱沒方向、不被承認、無法享受。**

· 解 析 ·

熱情、奔放、有自信、活潑可愛，小孩的感覺是很天真開朗又自信，紅色的羽毛代表輕鬆輕盈與熱忱，羽毛也表示直覺，會接收直覺，信任自己的直覺，信任自己的內在與外在。

信任自己，拿著旗子代表主導權在自己身上，旗子的紅色表示有很大的熱忱，可以掌握自我方向、命運與未來，馬沒有馬鞍，小孩子的雙手放開，表示全然的信任，並敞開接受所有的一切。

太陽的感染力非常強，強過上一張的月亮牌。太陽是中性的，表情沒有好與壞，向日葵代表成長和生長。

◇ 解 牌 心 語 ◇

當我們有熱忱有目標有方向的時候，是會一直成長的，圖中馬的方向是很確定的，然後往前走，灰色的牆代表養分，上面有種向日葵，也可以代表防衛與保護，有種安全的氛圍，當作後盾，是正面的牌，表示不錯的狀態。

關係關鍵字：熱情、天真、勇敢前進。

20審判

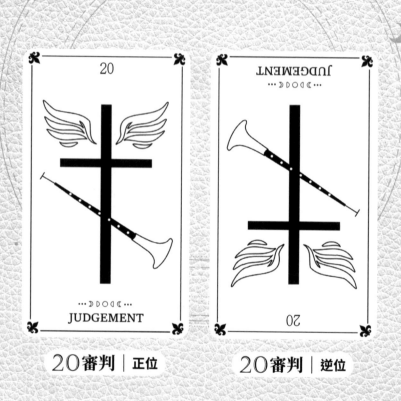

20審判 | 正位

20審判 | 逆位

正位：大天使耶利米爾、因果、享受、傳達、平靜、重生、重新面
　　　對、不要批判自己、接納自己的黑暗面、冥王星。

逆位：無法享受、衝動、恐懼、休息的機會。

· 解 析 ·

原諒自己，不是審判別人，而是審判自己。

人是從棺材裡面出來，而且大人小孩都有，狀態好像是活死人，無
法原諒寬恕自己，活在過去的印記裡，身體是灰色的，代表回歸到
中性的時候，沒有對錯。

十字架是救贖，如果你能很深地原諒自己，原諒自己過往的事情、
印記或失誤，就不會再審判自己。

✧ 解牌心語 ✧

當你越了解自己的時候，就會越得到救贖，包含要面對自己內
在的黑暗與坑洞，接受這樣的自己，很深地原諒自己，可以參
考「零極限」的方法。

小喇叭代表喚醒與傳播，每個人或多或少，在內在都有無法原
諒自己的狀況，真的原諒自己之後就重生了，是新的開始，重
新活出自己的樣子，可以注意下面人的表情，真的原諒自己的
時候，表情是享受的，當面臨很重的關卡，審判這張過了之後
就是世界牌了！

關係關鍵字：寬恕、重生、原諒、精神提升。

21 世界

21世界 ｜ 正位

21世界 ｜ 逆位

正位：全然、美好、全心全意、展現、好的環境、土星。

逆位：追求短暫回報、不滿、環境無法提升。

· 解 析 ·

完成，和命運之輪相比較，命運之輪周圍的動物都在學習，而世界牌周圍的動物，都已經學習完成了！

原本就存在，整個狀態是放鬆輕鬆的，身上的絲巾是柔軟放鬆的，整個很享受，因為已經原諒自己了，所以重生。

這個重生和死神不一樣，是真正原諒自己的內在，很多功課已經學習完成的狀態，人的周圍是一圈勝利的桂冠，圓滿的感覺，呼應光之藏中的大圓滿，一切俱足。

四朵雲只有老鷹周圍那一朵是白色的，其他是灰色的，老鷹代表往上飛，建議你用更高視野來看事情，而且老鷹在奧修禪卡中有一張牌，叫「可能性」。其他三個人、獅子和牛都是在地上的動物，旁邊的雲是灰色的，用灰色和白色來表示角度與視野的落差。

✧ 解牌心語 ✧

問工作，一切俱足，本自圓滿，選擇環境是重要的，放鬆。下一張牌又是愚者，開始新的循環。

關係關鍵字：完整、圓滿、完成、進入新階段的準備。

Chapter 3

與日常共舞的
小塔羅

大阿爾克那牌（大塔羅）講的是事情發生深層的原因，而小阿爾克那牌（小塔羅）呈現的是表面的事件。小阿爾克那牌組成了56張牌，通常分為四種花色：權杖、寶劍、聖杯和錢幣，每種花色都包括從1到10的牌，以及四張宮廷牌，分別是侍者、騎士、皇后和國王。

這些小阿爾克那牌代表著日常生活中的各種情境和挑戰。通常用來揭示與個人生活、關係、事業和決策相關的訊息，幫助人們理解和探索各種問題和局勢。

塔羅四大元素

　　在小阿爾克那牌裡有四大元素，分別是火、水、風、土。這四個元素各有其不同意義，象徵精神宇宙與物質世界，也代表世界、人性和創造世界的力量。

　　四元素對應四個牌組，即是：權杖、聖杯、寶劍、錢幣。

❖元素一：火

○ **代表：**權杖。

○ **優點：**創造力、進取心、積極努力、熱誠。

○ **缺點：**自傲、毛躁、任性。

○ **風格：**具爆發力、活躍、鼓舞。

○ **榮格理論中的功能：**感受。

○ **方向：**南。

○ **季節：**春天

○ **形象：**蠟燭、火焰、火柴、火山、向日葵、獅子以及所有貓科動物。

❖元素二：水

- **代表**：聖杯。
- **優點**：寧靜、愛、有創造力、想像、培養、好的情緒。
- **缺點**：喜怒無常、過度上癮、精神耗竭、情緒變化。
- **風格**：流動、擴展、滲透、充滿愛。
- **榮格理論中的功能**：直覺。
- **方向**：西。
- **季節**：夏天。
- **形象**：杯子、高腳杯、容器、水的成分、子宮、花朵、海豚以及水中所有生物。

❖元素三：風

- **代表**：寶劍。
- **優點**：洞察力、勇氣、力量、真理和正義、決定。
- **缺點**：輕率、批判、尖銳言詞、恐懼。
- **風格**：爆發、冷淡、對抗、概念化、溝通、面對、穿透。
- **榮格理論中的功能**：思考。
- **方向**：東。
- **季節**：秋天。
- **形象**：雲朵、風、天空、所有尖銳物品、刀子、精靈、四季、鳥類。

❖ 元素四：土

- 　代表：錢幣。

- 　優點：知識與能力、持久性、穩定性。

- 　缺點：緊張與焦慮、固執、缺乏改變能力、占有慾。

- 　風格：枯燥、積極、具體化、堅強、明確化。

- 　榮格理論中的功能：感官。

- 　方向：北。

- 　季節：冬天。

- 　形象：金錢、圓盤、石頭、大地的果實、組織、公牛、
　　　　母牛、山。

解讀
小阿爾克那
塔羅

MINOR ARCANA

權杖——熱情如火的行動者

權杖在四要素中象徵火,充滿行動力與進取心的特質,又代表春天、事業。

權杖1

權杖1 | 正位

權杖1 | 逆位

正位：權力、有能力控制、熱誠、掌握、成長的開始。

逆位：無法掌握、失去熱誠 。

· 解 析 ·

熱忱、開始，掌握在自己手上。

所有的權杖都有樹葉，代表生長和成長，落葉代表循環，有熱忱就會成長，就會往上提升、掌控。

雲代表內在，不是真實的，是一個象徵。

城堡代表國家集體意識，或是家族意識概念，表示我們的掌握程度和熱忱可能會受到影響。

✧ 解牌心語 ✧

問事業，要有熱誠，要可以掌握，才有辦法往上走，建議他以熱忱的方式往前走。

問健康，以掌握的角度來看，可能是心臟，熱代表熱能，可能是血液循環，盡量不要提到器官，以避免觸犯醫事法。也可說是胸部可能有問題，或是為了想要衝事業，做你想做的事情，卻忽略了健康，產生健康的危機。

關係關鍵字：積極、創造力、能量。

權杖2

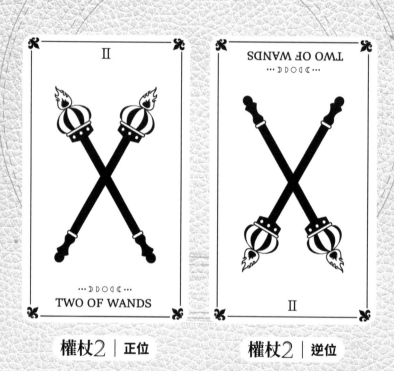

權杖2 | 正位　　　權杖2 | 逆位

▪ 概　義 ▪

正位：計畫、有想法、觀察、環境變化。

逆位：沒有計畫、無法觀察、隨便、失去注意力。

人站在城堡上，看著遠方、在觀察、在思考，觀察的過程中，手上拿著像地球的東西，稱之為「資源」，代表觀察過程是有資源的。

這個觀察來自於他的想法、計畫和看法，甚至於在觀察的過程當中，在思考怎麼樣去面對下一步？如何去做事情，包括感情、工作、事業，是包含計畫在裡面，有可能我們在看遠方時，會思考一些事情，盤算著下一步該怎麼做，該怎麼運用這些資源？

對應到生命靈數2，表示體貼、和諧、依賴，也可再加入火的元素，包括互動，在思考人跟人之間的互動，思考跟金錢，工作，財產之間的互動。這個資源是大家的，因為地球是代表大家的，或是想運用別人的資源。

花代表天真，單純的思考。花的周圍也沒有其他生物，代表獨立的思考，也有一種意思是，他在想進行的事情上面，遇到很多阻礙，環境不允許，迫使他去思考如何解決問題，但權杖2僅止於想而已，行動力比較弱，到權杖3的時候，行動力才會變強。

◇ 解牌心語 ◇

問感情、工作、事業的時候，可以建議他，停下來想一想，看遠一點，用全觀的方式去思考，這邊的資源並不是自己的，可能要運用別人的資源，所以他是有些想法的。

右邊的權杖是固定住的，無法變動，只有一根是可以變動，他可以掌握一個，只有他自己，是可以變動的，有著無法控制別人，可是可以控制自己的意思。

關係關鍵字：籌備、思考、運籌帷幄、期望。

權杖3

權杖3 | 正位

權杖3 | 逆位

▪ 概 義 ▪

正位：商人、擴張、有野心的、持有、商業成就。

逆位：保守、短視近利、沒有資源、超出能力範圍。

行動力,觀察自己擁有的資源。

經歷過奮鬥而得到一些成就的商人,大海中的船隊都屬於這個商人。他正在觀察他的財產、成就,所以他是有行動力的,經過行動而得到目前的成果,也可以說是布署好準備行動,他的觀察來自於他已經擁有一些資源,權杖2的資源感覺比較少,而且權杖3中的權杖都是可以移動的,他自己就是商人可以運用自己的資源,做自己的事情,蓄勢待發,準備行動,已經計畫好,有自信有野心,想要掌控。生命靈數3代表行動。

整張畫面都是黃色,代表胃輪,有自信。

舉例來說,創業前,沒有資源,必須去想錢要怎麼來,創業後,已經擁有資源,要去想該怎麼賣?

✦ 解 牌 心 語 ✦

問事業,利用自己的資源或專業,計畫好,或是行動。問感情,就要看發生什麼事情,可以運用資源來維繫這段感情,不用靠別人,是靠自己。

關係關鍵字:自信、發展、精力充沛。

權杖4

權杖4 ｜ 正位

權杖4 ｜ 逆位

▪ 概 義 ▪

正位：穩定、成功、喜悅、慶典、團聚、開心、堅定友情。

逆位：不穩定、不被支持、努力中、局外人。

▪ 解 析 ▪

穩定，可以慶祝，是偏向比較正面的牌。

成功、喜悅、慶祝、慶典，城堡代表跟集體意識有關，生命靈數4
代表穩定。

✦ 解牌心語 ✦

問感情，表示現階段是開心、輕鬆、穩定的。

整個牌面有慶祝的感覺，有可能是家族、公司、團體或國家慶
典，但也可以把這些元素單獨拿出來看，整個氛圍是開心的。

關係關鍵字：穩定、家庭、共同慶祝、承諾。

權杖5

權杖5｜正位　　　　權杖5｜逆位

▪ 概　義 ▪

正位：紛爭、不同意見、各做各的、無法團結、展現個人信念。
逆位：各不相讓、無法合一、爭執、詐欺、矛盾。

每個人都有自己意見，方向都不一樣，代表爭奪、混亂，無法團結，或是展現自己個人的信念、紛爭、有狀況、意見很多。

藍色代表喉輪——溝通。

生命靈數5，代表自由，所以比較沒有規律，建議可以給點規範會比較好。

高塔，表現重整，舊有模式全部打掉，重新開始。

✦ 解牌心語 ✦

問感情，感情很多狀況。問工作，工作很多狀況，代表他們溝通發生問題，權杖1和2的背景是灰色的，代表中性，可以請個案再抽一張建議的牌，如果是愚者，輕鬆的面對。魔術師，準備好再面對。女祭司，專注的面對。皇后，用女性的力量去面對。國王，用男性的力量去面對。問工作，在公司工作的話，是混亂的，沒有辦法靜下心來，有很多思緒想法，可以建議他靜心，先平復下來，每一根權杖都代表一個思緒，混亂的思緒，也可以往好的方向去解釋，每個人不同的意見，可以激發不同的狀況與思考方向，跳脫舊有的思考模式。

關係關鍵字：爭端、爭執、競爭對手。

權杖6

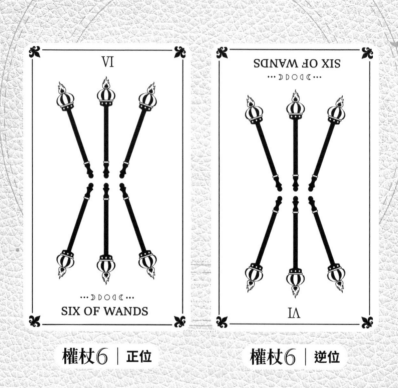

權杖6 | 正位　　　權杖6 | 逆位

▪ 概　義 ▪

正位：成就感、歡迎、勝利、前進、榮耀時刻、衣錦還鄉。
逆位：驕傲、失敗者、壞消息。

成就感、贏得勝利，頭往某一個方向偏去，代表重視別人的觀感，當他來到這個狀態的時候，是會比較有自信的，可是如果自信過頭，會變成驕傲。

牌面上的馬好像沒什麼力氣，代表太過驕傲有自信的時候，比較沒有處於一個戰戰兢兢的狀態，和太陽牌中的馬相比較，兩者的眼神差很多。

綠色代表心輪，代表成就感是由內而外，從心開始，而不是別人怎麼看待你。往外看，注重表象，也許眾望所歸，但內心有一塊是比較不開心的，為了迎合別人，那一圈是皇冠，代表頭銜、榮譽、榮耀。

✦ 解牌心語 ✦

解牌時可以提醒對方，我們做事情不是為了別人而做，是為了自己而做。

這張牌的感覺，好像是為了博取別人注意，而得到的成就感，為了掌聲而去做，但過頭就會變驕傲，也代表努力過後得到的成果，得以衣錦還鄉。

關係關鍵字：成功、支持、努力得到回報。

權杖7

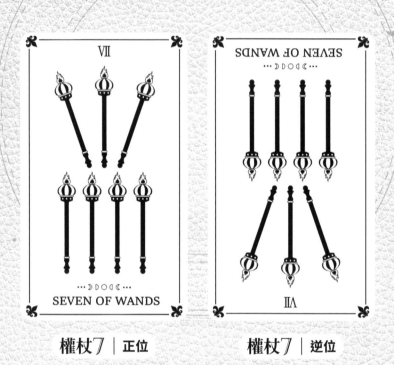

權杖7 | 正位　　權杖7 | 逆位

▪ 概　義 ▪

正位：辛苦達成、孤軍奮戰、堅守、努力、決心。

逆位：沒有決心、無法下決定、失去了自信。

努力達成，孤軍奮戰終於達成，穩紮穩打，辛苦得來的，他的資源並不多，沒有很多人幫忙，因為有熱忱，一直努力，所以一個人達成目標。

可以留意他的表情是沒有很開心，有點猙獰，表示做得很辛苦，好險有點小小的成就，獨排眾議，做自己想做的事，會有自己的想法，可是走這條路是比較辛苦的，不講目的，只講過程，是辛苦的過程，比較累。

下面的權杖好像是每當我們完成一個目標就插一根，已經達到了很多目標，是有成就的，可是過程是辛苦的，不是從零開始，而是到達一定的程度後，最終是一個人努力的完成，還在過程中，也可能表示被很多意見攻擊，獨排眾議，得到目前的成果。

站在懸崖邊，表現辛苦、危險、專注。

衣服是綠色的，代表心輪，跟自己的心連結，代表會這麼辛苦，是自己想要的。

✧ 解牌心語 ✧

問健康，感覺手肘是彎曲的，而且會施力，所以膝蓋手肘都會有些狀況。在工作時，會使用到這些部位，以及圖面上的顯示，身體容易緊繃，想要達到你的目標，你的肩頸關節都會有一些壓力的呈現。

問感情，辛苦維繫感情，為了想跟對方在一起，可能家長不同意，經濟、環境不允許之類的因素，但已經有些小成就，至少女朋友是愛他的，經營過一段時間的，問要不要分手？其實你很辛苦，要不要分手，你可以自己決定。只是目前的狀況是，你之前已經走過這麼一段辛苦的路，現在還想分手嗎？可以反問他，不要替對方做決定，通常抽到這張牌，想分也分不了。

關係關鍵字：獨排眾議、外部因素、保護關係。

權杖 8

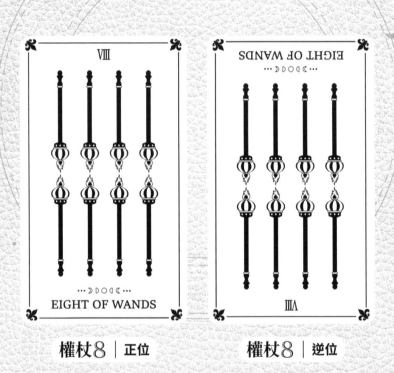

權杖 8 │ 正位　　**權杖 8 │ 逆位**

▪ 概　義 ▪

正位：速度、快速、無法持久、空中、突然來到。

逆位：步調太快、緩慢、錯過時機、失控。

表現權杖被投出去的感覺，往下掉的感覺。

原本的權杖一定是在土地上的，上面還有樹葉，所有的權杖跟大地有連結支持，只有這張牌沒有，東西往下掉，代表速度要快。

當我們來個某個timing或節奏的時候，抽到這張牌，代表速度要快，感情，速度要快，工作，速度要快，不管問什麼問題，都建議他速度要快一點，達到時效性，也代表這個問題是有時效的，速度越快越好，機會稍縱即逝，權杖8代表速度，或無法持久，突然來到的時機。

下面的風景，水代表情緒，情緒是穩定平靜的，做決定不會有太大的情緒反應，其實可以勇敢的做決定。看整體的氛圍，感覺並沒有不好，只是單純的就這件事而言，要趕快做決定。

✧ 解牌心語 ✧

問感情、工作、事業，代表你抓到這個節奏，用最快的速度去完成事情，行動要快。

問健康，趕快看醫生，哪裡不舒服，趕快求醫。

如果處於兩難或二選一的狀況，建議對方趕快做決定，可以再抽一張建議牌，如果現在不決定，這個時間過了之後會更難做決定，無法做決定，會更嚴重，或陷你於不利，求速度，無法停下來休息，舉例來說，如果是兩間公司要選一間，不快點決定的話，有沒有可能兩間都沒有。或是女生有兩位男性追求者可選擇的話，不快一點抉擇，可能兩個都沒有。

關係關鍵字：激情、快速、時效性。

權杖9

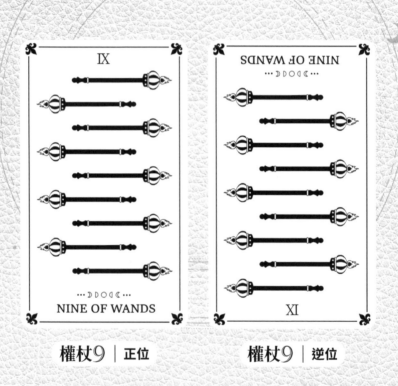

權杖9 | 正位　　　權杖9 | 逆位

▪ 概 義 ▪

正位：受傷、驚嚇、保護、防禦、準備。

逆位：放棄防禦、沒有準備好、消極、沒有信任感。

受傷、驚嚇、保護、保衛、防衛，抓著一根權杖，後面有八根，代表界線，也代表防禦，準備，想要保護一些事情。

這個人好像是受過驚嚇，受傷的感覺，頭上有紗布，所以緊抓著權杖，沒有辦法放鬆，這個傷可能是心裡的也可能是身體的，一朝被蛇咬，十年怕草繩，後面的風景其實一片亮麗，可是就是跨不出這個鴻溝，跨出去其實就沒問題了。

背景藍色，代表喉輪，痛苦都沒有辦法表達出去。也可以從權杖都比人還高看出來，根本沒有辦法表達出內在的恐懼，憤怒，煩惱，悶在心裡所以受傷，如果可以講就解決了，甚至你可以建議對方講出來，找信任的人抒發，願意講的話是可以解套的，紓解內在的恐懼。

如果有些人受傷了，沒有地方講，是會生病的，太嚴重就要找身心科，可能出現創傷後壓力症候群。

✧ 解牌心語 ✧

問感情，其實你過去的感情有受到傷害，沒有辦法復原，你沒有辦法真的放開，除非把過去的感情印記消除掉，不然可能沒有辦法接受新的感情。

問健康，沒有安全感累積的情緒反應，所以會一直以為自己有病，實際上不一定，有時候是自己想像出來的，人家說什麼藥好，他就去吃，因為他驚嚇過度，會做出過度的反應。

問跟家裡的互動，因為家庭讓你受傷了，家人對你的意見採取比較否定的狀態，甚至是比較激烈的，變成不太敢在家裡表達。萬一有人說，我沒有這個狀態，就說牌是你抽的，反映你的潛意識，不相信也沒關係。

問金錢，對金錢恐懼，怕花錢，怕失去金錢，緊抓著錢不放的守財奴。

關係關鍵字：創傷、防備、不安全感、猶豫不決。

權杖10

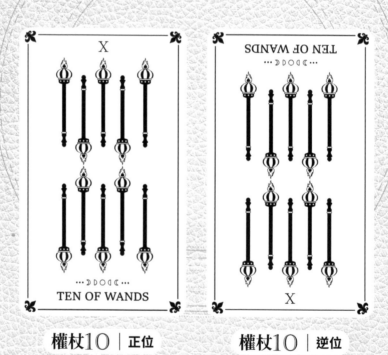

權杖10 | 正位　　權杖10 | 逆位

▪ 概 義 ▪

正位：沉重、伴隨而至的負擔、瞎忙、壓力大、工作沒主軸。

逆位：快要崩潰、放下重擔、無法掌握任何事情、抽離。

瞎忙,什麼都要,太多想要的,沒有順序,什麼都攬在肩上,很多壓力,包含很多不必要的,別人的工作也拿來做,他人的壓力自己扛,把所有的責任都往自己身上扛。

腳很粗,所以他會越來越厲害,可是越忙碌就事情越多,所以這個狀況需要的是「分配」,分配工作。前面的風景還不錯,在某些過程當中,他的狀況雖然很累,但他其實比他想像中還要好。

他覺得自己很累,沒有辦法休息,其實是可以休息的,已經習慣做這些事,這是慣性,有可能邊做邊抱怨,認為做這些事,是可以看到未來的願景,可是實際上,他的眼睛是往下看的,不知道自己在做什麼,因為他什麼都想要。

可以建議對方,一次做一件事情就好,不要做太多,做好再做下一件,不然什麼都想做,太累了,又因為你什麼都會,越來越厲害,什麼都會加在你身上,重擔越來越多,手腳都是粗的

✧ 解牌心語 ✧

問學業,每一科都要求很好,念書比較沒有時間規畫、整理,什麼事情都擠在一起做,太累了,抓得很緊,不會放棄,而且他甘願去做。

問感情,什麼都要,同時有很多喜歡或曖昧的對象,或同時要求對方什麼都有,為了達到對方的要求,失去自己,或是兩個人在交往,不知道為什麼要交往,沒有顧慮到自己的需求,為了別人做事,後面是家庭,表示環境都是沒問題的,只是自己在承受。

問健康,頭往下看,思緒很多,沒辦法知道自己到底想做什麼,睡眠不會太好,因為手腳需要承受這些壓力,所有權杖10的東西他都有,想像抱著那麼重的東西,哪裡會不舒服,那個狀態全部都可以講。

問金錢,什麼都想賺,所以壓力很大。

關係關鍵字:思慮過多、負擔帶大、壓力。

權杖侍者

權杖侍者 │ 正位

權杖侍者 │ 逆位

▪ 概 義 ▪

正位：專注於自己的熱忱、單純的心、輕鬆而專注。

逆位：無法專注、思緒繁亂、沒有熱忱、不喜歡。

專注在自己的熱忱、自己的世界、信念裡，就像小朋友玩玩具的時候很專注，單純的專注。

因為侍者是小朋友的階段，他在做這件事的時候、是沒有經過思考，沒有想很多的，不是為了要有成就才做的，比較深的部分。

坊間塔羅牌課程比較不會教到的是——侍者專注的地方、熱忱。有可能是上輩子累積來的，比較沒有經驗，可是熱忱專注。

身上衣服的圖案有蜥蜴，蜥蜴是在沙漠中仍可生存的爬蟲類，代表克服困難，得到想要的，所以只要有熱忱，就可以戰勝困難，達到目標。

✧ 解牌心語 ✧

抽到這張牌，表示其實是克服很多困難的。權杖侍者代表單純的心，單純專注，專注放鬆，做自己想做的事情。

不是為了賺錢，只是為了自己想做的，就一直做，做到最後就有成就，可以建議對方，專注、單純，一次只做一件事情，不要分心，會有好的結果。

關係關鍵字：新的戀情、驚喜、單純、熱忱。

權杖騎士

權杖騎士｜正位　　　權杖騎士｜逆位

▪ 概　義 ▪

正位：積極但不穩定、能量動力、熱烈急切、臨時暫停。

逆位：中斷、突發狀況、無法處理問題、失去熱忱。

一邊想做，一邊又擔心、害怕猶豫，積極但是不穩定。一邊前進一邊踩剎車，沒有明確的知道自己想要什麼，通常會暫停，剛開始一頭熱，後來就冷卻。三分鐘熱度，遇到困難就逃避，這個狀態有可能也是累積來的，變成慣性、習慣。

穿著盔甲表示積極熱忱，可是遇到困難挫折，就不想做了，盔甲也可說是自我保護，沒有辦法坦誠相對、卸下心防，用自己固有的模式去運作。自我防衛心重，不接受別人的建議，無謂的堅持。

衣服上的蜥蜴表示在任何地方都能生存，是可以面對很多困難的，可是他不願意相信自己，拿權杖的感覺，跟寶劍騎士相比較，是不一樣的，雖然他有目標有方向，可是遇到挫折就退縮。

金字塔跟宇宙能量連結，代表以宇宙觀來看事情。

◇ 解牌心語 ◇

這種突然踩剎車的狀況是慣性，是累世習性，權杖騎士是青少年，最衝動的時候，可用青春期的孩子感覺來解釋這張牌。

關係關鍵字：自信、決心、心防、積極但不夠穩定。

權杖皇后

權杖皇后 | 正位

權杖皇后 | 逆位

・概　義・

正位：很強行動力、執行力佳、愛冒險、對生命有熱忱。

逆位：沒有行動力、不愛冒險、對生命沒熱忱。

女強人，可以掌握整個團隊狀況的人，熱忱、權力執行。

皇后牌有豐富的資源，但這張牌的資源比較少，為了理想而努力的女強人。

貓是代表精神層面，貓也是不受掌控的，做事情的時候是為了理想跟目標，有熱忱的狀態，用本身具有的能力做事情，身處的地方沒有很多的資源，所以凡事都自己來，獨自去面對，握有相當的權力，有資源的。

就像向日葵般，會往想要的地方去，去聚集一些志同道合的人，就像兩個人有相同的信念，不是實質的，只是個象徵，共同朝一個方向努力，是有這樣的一群資源，無形精神力的資源，心靈的力量，顯現女強人的那一面。

皇后的資源是物質豐富，兩隻獅子代表權力或霸氣，可以抗壓，因為是女強人，對應到女主管、女老闆。

三座山，因為責任，與生俱來的責任感，必須扛起這份事業或工作。

腳突出來，代表行動力很強。腳打開，觀念比較開放，可以接受新的觀念，有些書會提到性開放。

◇ 解牌心語 ◇

問事業，要找一群志同道合的人運作。人際關係上，因為是主管，所以比較有威嚴，因為角色定位的問題，必須做策略與指令，所以很容易被誤解。

問人際關係，可能保持了比較驕傲的狀態，建議卸下面具，不要讓人感覺有架子。在朋友群裡，比較可以在精神層面上領導，不管在哪個團體，就是領導的角色。

關係關鍵字：溫暖、舒適的關係互動、精神與心靈層面的交流。

權杖國王

權杖國王 | 正位

權杖國王 | 逆位

▪ 概 義 ▪

正位：威權、熱情、活動力強、英勇、豪邁、主導性。

逆位：嚴格、苛刻、自以為是、失去權力。

威權、全然、熱忱、權力，可以克服困難。

蜥蜴是可以在很多地方克服天候限制生存下來的動物，針對自己的熱忱，去做自己。同時，有些時候自以為是，太過頭了，想要有主導權。

人有點側面，不想讓人看到正面，代表沒有很敞開心胸，保持一個架子或威嚴，不想讓別人知道他在想什麼，針對自己想做的事，活動力很強，就像一個主管想做一件事情，他有熱忱，不管別人有沒有熱忱，他就是要做，固執堅持自己想要的。另一狀態是，他不輕易表現出他內心的意圖，後面的圖案，蜥蜴背後有獅子，表示會有隱諱的企圖。

權杖跟地面接觸，權杖代表基礎，是從基礎上來的，他的熱情代表一切，把熱情為優先，把想做的事擺第一，不見得會聽進別人的話，自己的意見為意見，當他的部屬會比較累。

◇ 解牌心語 ◇

問目前狀態，固執、聽不見別人聲音，只一徑往自己想要去的地方前進。

問健康，就看整個牌面的感覺，感覺好像坐太久，血液循環不太好，臍輪的附近，也可能是脊椎，進入這個狀態，感覺如果位子坐太久會怎樣，都可以提出。

關係關鍵字：權威、主導、忽視心靈交流。

寶劍——如風飄忽的思考者

寶劍是風的元素，代表我們在面對事情的時候，在思緒上可能會猶豫不決，風對應到身體器官是呼吸。

寶劍 1

寶劍 1 ｜ 正位　　　　　寶劍 1 ｜ 逆位

正位：主導權、決定的力量、挑戰、中立力量。

逆位：無主導權、恐懼、無法下決定、過度用力 。

· 解 析 ·

下定決心，不要猶豫不決。

皇冠，代表權力、榮耀，緊握著我們想要的。掌握來自於我們要如何下定決心，主導權在我們身上。

皇冠旁的植物，代表成長跟生長。當我們下定決心之後，不管怎麼樣，都是成長，沒有好壞，只有下定決心才有辦法成長，會有收穫，面對事情的時候，會擔心失敗，但即使是失敗，也可以學到東西，所以注意看，兩邊是不同的植物，一定會得到一些經驗，不管有沒有成功都是贏家。舉例來說，如果想做一件事情，一直猶豫不決的話，會消耗自己的能量或是力氣，可是如果當你下定決心之後，即使是失敗，也會得到一些東西，所有的問題沒有好壞。

牌面上的雲，是灰色、中性的，光輝代表下定決心之後會有一些光環——決心的光環，跟月亮牌的黃色點點一樣，是一種氛圍，有影響力，篤定往這條路走，獨立的做出決定、下定決心，或是用領導的方式來做出決定。

手是掌握、握住的含意，錢幣和權杖的背景都是很豐富的，但這張牌沒有，代表自己要承擔。

✧ 解 牌 心 語 ✧

建議個案一旦下定決心，氛圍就不一樣了。下定決心之後，就是我絕對要去做。下定決心前，就會覺得要嗎？好嗎？怎麼辦？會一直猶豫不決。沒有豐富的資源，就要自己學習承擔。

關係關鍵字：思想、心智力量、清晰、誠實面對。

寶劍2

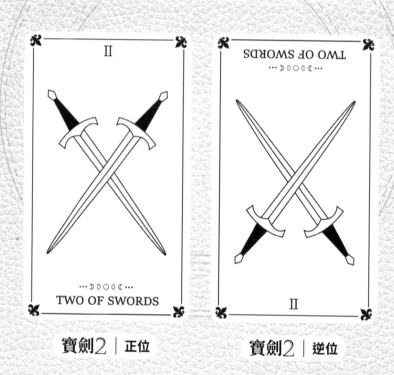

寶劍2 | 正位　　　　寶劍2 | 逆位

· 概　義 ·

正位：拒絕看見、封閉、不接受資訊、閃躲、選擇不看。
逆位：失去平衡、害怕、無法看見、蒙在鼓裡。

封閉，眼睛看不見，是自己綁住的，不想面對、觀看。

切斷，坐得很直，可是整個心輪是封閉的。兩隻劍是為了保護自己，後面的水是很平靜的，習慣切斷，不願意看見，例如有位女孩的男朋友已經劈腿了，女孩卻說：「沒有呀！他沒有劈腿，我過得很好！」明明已經發生問題了，還予以否認，表示自己過得很好。她不會把自己外在跟內在的事情顯露出來，就是封閉或切斷，不願意看見。但是她知道真相嗎？她完全清楚，但外表是很平靜的，內在是切斷的，不願意面對事實。眼睛假裝看不見，地球依然在旋轉，佯裝一切都很順利，可是內在是封閉的。

月亮，代表陰晴圓缺，他是封閉的，情緒也有受到影響，可是不願意面對，月亮向下代表悶在心裡面，悶悶的、不快樂，可是不讓別人看見，故作強顏歡笑。

黃色的鞋子，代表行動，可是他不行動，只要他願意站起來，他其實是有方法展現的。

黃色代表自信——胃輪。

他雖然切斷，可是並不是弱者，是有信心可以解決這個問題的，看他要不要而已。

◇ 解牌心語 ◇

這張牌也有警戒的意思，有些人不願意讓別人了解自己心情時，就會有這個動作。怕被觸碰到他最不堪的部分。可是實際上，我們都知道，當你敞開心胸，大家都知道你的問題所在，其實問題就不會如想像那麼嚴重，防衛是來自於他怕受傷害，不願意面對。

關係關鍵字：封閉、防禦、拒絕溝通。

寶劍3

寶劍3 | 正位

寶劍3 | 逆位

▪ 概 義 ▪

正位：悲傷、痛苦、難過、事情放在心上、心痛。

逆位：慢慢走出、獨自承受、事件影響、該放心了。

・ 解 析 ・

心痛、有心事揪著的感覺，好像有事情沒解決，像是有痛苦事情的象徵。

有些是過去的記憶，有些是被傷害，有些是目前狀況，被事情擱著，問感情，被感情擱著，問工作，被工作擱著。

有三隻寶劍插入心臟，有種疙瘩在內心裡面，沒有辦法真的完全放鬆，心沒有辦法放鬆，心是緊張的，顯現出來的是比較急躁與緊繃的狀況，已經影響到他的生活。

背景是下雨，烏雲密布，現狀是不佳的。

◇ 解 牌 心 語 ◇

塔羅牌只有現象，沒有對錯好壞，可能個案抽到這張已經不好過了，你還講得更不好過，可能會讓他更傷心。

我們會告訴他，這只是目前的現象，以後會改變的。

問感情，就代表這段感情已經影響到他，心裡老是擱著，讓他工作學業不能順利。

問健康，懷疑自己或是家人健康有問題，抑或已出現問題，擱在心上沒有辦法真的放鬆，健康的話題在內心裡面擱著，心沒有辦法安靜。

關係關鍵字：心痛、悲傷、心碎、傷痛經驗。

寶劍4

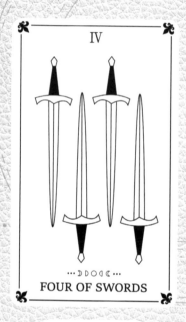

寶劍4 | 正位

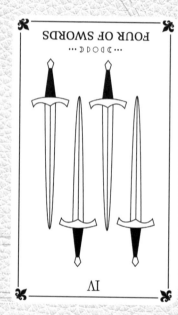

寶劍4 | 逆位

▪ 概　義 ▪

正位：休息、儲備、充電、沒行動力。

逆位：無法休息、超時工作、沒有時間、無法專注。

身處舒適區、逃避，休息狀態，有點像休息。

可是這個休息，某種程度像是在舒適區，就是躺著，看未來會發生什麼事情都可以。

這裡有三隻劍，指著胃輪、喉輪、頂輪，有種威脅的感覺，代表沒有什麼自信可以展現出來，很多話講不出來，或是思緒比較多，所以讓他變成這個樣子，有某種逃避的意思，或是休息的意思。

有一種可以得到救贖的方法，就是宗教，或是精神方面的象徵，代表休息，或是很久沒休息，就休息一段時間，可以讓他舒緩的方式，就是宗教或是精神糧食，所以有個聖母瑪利亞的窗戶圖騰。

下面那隻劍就是躺著，是木頭刻的，很難拿出來，也很難用到它，和人的狀態是一樣的，就躺在那邊。有時也可能是逃避，或是處於舒適圈，不想面對真正的狀況。

◇ 解牌心語 ◇

雖然狀態是躺著，但人一旦能起來，這個威脅就沒了，只要願意起來行動就好了，也可能是之前做了很忙碌的事情，現在正在休息。

關係關鍵字：休息、休養、獨處、恢復。

寶劍5

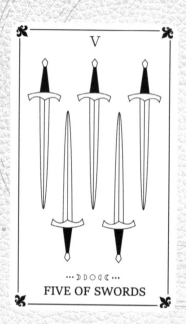

寶劍5 ｜ 正位　　　　寶劍5 ｜ 逆位

▪ 概 義 ▪

正位：損人不利己、不擇手段、爭執、敵意。

逆位：沒有方法、不知道該怎麼做、失敗、受害、無謂爭執。

‧ 解 析 ‧

雲很像閃電，很強烈、風很大，意思是用強烈的方式得到的成果，有兩個人是痛苦悲傷的，只有一個人在笑，無所不用其極地去攻擊對方得到利益，或是爾虞我詐，爭奪得來的，或是欺壓別人得來的東西。類似損人不利己，不擇手段得到的利益。

手上拿著很多隻劍，代表貪心，因為貪心才會爾虞我詐。

在職場、感情上，都可能遇到這種狀況，因為工作的關係，被同業、同事，因為某些原因，掠奪你的資源，通常業務在搶工作就會這樣子。

有些人失業、失戀或被倒帳，身體都會不好。因為受欺壓的關係成為受害者，以致健康出問題。例如，十年前被人家倒了一筆錢，從此之後身體不好，或幾年前因感情因素，受到傷害，從此之後不信任感情，然後間接影響身體健康。

❖ 解牌心語 ❖

問工作，可能被陷害，或是陷害別人，要看對方的感覺，或是他問的問題。某些程度上，跟同事合作的時候，要防止被人家陷害。

問工作，你就是被欺負呀，人家老是丟工作給你，你就一直接一直接，但是開心和失落都是現象，反映出我們生活中一定會發生的事情。

在感情上，有可能是受害者，也可能是既得利益者。為了感情，不擇手段去得到他。

問健康，針對某一件事情，擱在心裡面生悶氣，被欺騙錢或感情，讓他身體不適，因為太執著、在意這種事情了，請他去看醫生。

關係關鍵字：爾虞我詐、背叛、維護自己的利益、欺騙。

寶劍6

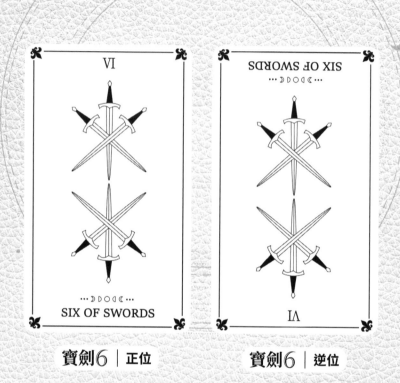

寶劍6 | 正位 　　　　　　寶劍6 | 逆位

▪ 概　義 ▪

正位：緩慢前進、轉換遠離危險、過度。

逆位：困境、進退兩難、恐懼、計畫更改。

▪ 解 析 ▪

小心翼翼，進退兩難或緩慢前進。

進退兩難是說，陷在這個湖裡面，這個波紋也沒有很長，沒有什麼風向，有點「隨波逐流」的意思，緩慢離開或前進的意思，表示他還有一點能力可以慢慢划開。

還有一個風險是，劍如果硬生生被拔起來，就沉船了！

三個人物都不是正面，代表不願面對，或是遠離危險狀態。

✧ 解牌心語 ✧

代表不願面對或遠離危險狀態，慢慢的轉換現狀，速度不快，是緩慢進行的狀態。

關係關鍵字：
失落、離開、尋求平靜、以安靜（不爭吵）的方式轉換關係狀態。

寶劍7

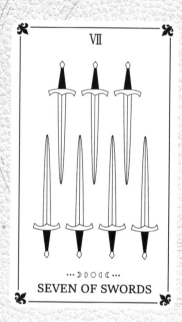

寶劍7 ｜ 正位

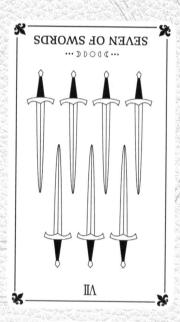

寶劍7 ｜ 逆位

▪ 概　義 ▪

正位：不要放棄、竊取想法、準備、組織、重獲自由。

逆位：失敗、失去自由、沒有計畫、毀謗、胡言。

不要放棄，這個人是個士兵，被抓到敵方陣營當俘虜，可是他想辦法要離開，成功了，還把敵方的劍拿走，要趕快逃命，因為這裡是敵方陣營，偷偷摸摸。

詭異的象徵，代表不要放棄，想盡辦法，用小聰明，用方法去達到他的目標，也代表準備，重獲自由，或竊取一些想法和概念。

✧ 解牌心語 ✧

問健康，可能健康出狀況，可是沒有那麼嚴重，不要放棄，代表意念會想放棄，因為身體不舒服，不想檢查、治療了。

關係關鍵字：投機取巧、不忠誠、謊言、小聰明。

寶劍 8

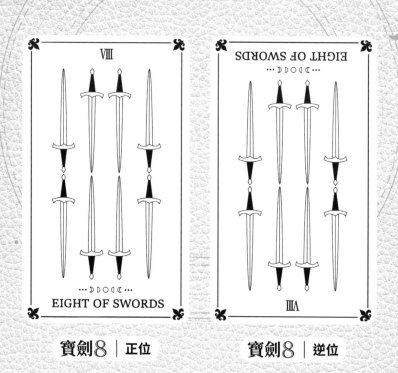

寶劍 8 ┃ 正位   寶劍 8 ┃ 逆位

▪ 概 義 ▪

正位：自己綁住自己、故步自封、束縛、無法看見。

逆位：漸漸自由、解脫、離開。

束縛、被約束、不願面對、看見，自己綁住自己，故步自封，無法看見。這張牌很特別的是，他的腳沒有被綁住，還是可以走出來的，自己綁住自己的例子很多，被工作、感情綁住，都在這張牌作顯現。

後面的城堡代表集體意識，例如家庭、國家或是整個氛圍，讓他感覺到是被束縛的，被集體意識的氛圍束縛了。

地上的水沒有流動，乾枯。水代表情緒，時間一到水會滿出來，他會因為情緒的關係，不想行動，不想往前走，現在是可以做些什麼改變的，而不是單純的被動，或是單純的不去行動，這張牌是自己侷限自己。

旁邊的寶劍是代表界線或制約，自己因為內心因素把事情想難了，但本來事情就很多，也可以講，兩種狀況都是成立的。

✧ 解牌心語 ✧

問健康，被健康問題困住了，還是先弄清楚才來煩惱，而不是現在就開始煩惱。

感情也一樣，要先弄清楚狀況，現在被困住了很難過，可是你要弄清楚，可以做些什麼，讓你自己不要被困在裡面，你是可以做些什麼改變的，不要被困住，工作也是，或是無法看見，代表無法看見死角，需要由別人去提醒他。

關係關鍵字：束縛、蒙蔽、困惑、忽視錯誤。

寶劍9

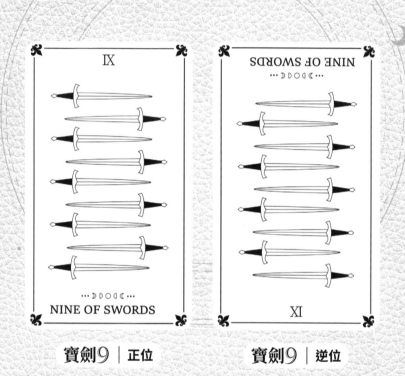

寶劍9 ｜ 正位　　　　寶劍9 ｜ 逆位

· 概　義 ·

正位：恐懼、睡眠問題、壓力、內疚、惡夢、悔恨。

逆位：走出憂鬱、反省、心理上陰影、面對、慢慢走出。

睡眠問題、恐懼、壓力、內疚、惡夢、悔恨、難過。

失眠、睡不好,心輪與喉輪、頂輪被卡住,有可能有心事,所以睡不著,話說不出來會睡不著,腦子思緒太多會睡不著,還有一個狀況是,風水方位不好,也可能睡不著。

床的側面有兩個人在打架,代表鬥爭,腦筋一直在動,在打架,都會睡不著。

棉被上有很多月亮之類的符號,代表思緒、事情很多,也會睡不著,重重的壓力,讓你喘不過氣來。

⟡ 解牌心語 ⟡

代表思緒或壓力很多或是話講不出來,有負面情緒,睡眠品質不佳。

關係關鍵字:恐懼、惡夢、焦慮、敏感、失眠、負面情緒。

寶劍10

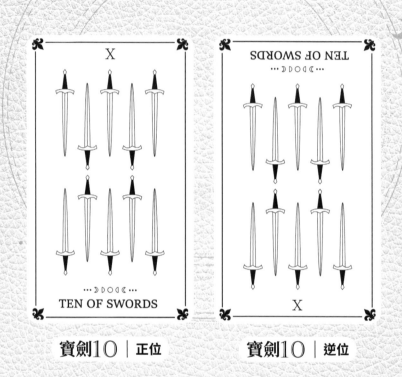

寶劍10 | 正位　　　寶劍10 | 逆位

▪ 概　義 ▪

正位：痛苦、結束、慘痛、失敗、龐大的壓力、無法爬起。

逆位：痛苦結束、慢慢好轉、難過、無法放下。

權力的消失，事件的結束，跟死神有點類似。

不一樣的是，這張牌著重的是，權力或能力的消失，或代表痛苦，結束、慘痛，這個事情最痛苦就是這樣了，失去原本的權力，財產，比如說，離婚，可能就會失去原本的權力跟義務。

權力怎麼看？注意看他的手，這個手勢在教皇牌面有出現。教皇代表權力，所以這裡的手是失去權力，失去一些東西，無法翻身，有可能是事件的死亡、失敗，或是資源的喪失，還有很大的壓力。

每個脈輪都被劍插著，還有流血，代表很嚴重、無法翻身，已經沒有轉圜的餘地了！

✧ 解牌心語 ✧

抽到這張牌可以說只是「現象」，抽到這張牌可能是權力已經喪失了，你再爭取或努力，可能比較沒有用。

這張牌的意思是外面的水是平靜的，代表地球依然在走，不會因為你喪失權力、失敗了，地球就停止轉動，你還是有機會可以東山再起，這個事件就結束了，不要再留戀了，最壞就是這樣了！

關係關鍵字：絕望、痛苦、谷底、重新來過。

寶劍侍者

寶劍侍者 │ 正位

寶劍侍者 │ 逆位

▪ 概 義 ▪

正位：分析、資訊管理、防禦、正義、尋求真相。

逆位：無法保護自己、防禦過重、拒絕溝通。

風的元素，比較活潑，變來變去，會跑來跑去，後面雲變化比較大，代表他看的世界跟我們看的世界不太一樣。

後面有一堆小鳥，代表他需要很多朋友陪伴，比較好動型的狀況，也代表比較正義，因為他朋友多，會想替朋友出頭，也代表為朋友付出的決心。

拿著劍，也代表防禦、保護自己。

背景藍色是喉輪——愛講話。另一個意思是，對他喜歡的事物，會做一些好奇研究、資訊管理，假設有人喜歡積木，就會跟你分享他喜歡的東西。

✧ 解牌心語 ✧

問感情，就像花蝴蝶般飛來飛去很活潑，希望得到朋友的建議，也很希望交朋友。舉例來說，有人說要交男朋友，問了半天，還不確定自己要不要，或是說要找工作，再問他找工作的情形，自己也不知道到底找工作好不好？一直問朋友意見，類似這種情況。

關係關鍵字：好奇心、資訊、急功近利、非常規的關係。

寶劍騎士

寶劍騎士 | 正位

寶劍騎士 | 逆位

▪ 概 義 ▪

正位：積極、不顧一切往前衝、勇敢、果決、沒耐心。

逆位：失控、魯莽行為、退卻、後繼無力、用錯力氣。

積極，不顧一切往前衝！勇敢果決，沒有耐心，代表衝動，很努力往前衝！

注意牌面上馬的表情，好像有點嚇到，不怕死，往前衝，不管了，有可能表示失去控制，比較沒有計畫。

騎士是青少年時期，大約在14～20歲，未成年，比較衝動的時期。雲的形狀是撕裂的，代表沒有很平靜。

右上角的小鳥代表自由、飛翔，想做什麼就做什麼，很衝動，馬身上的飾品有蝴蝶圖案，蝴蝶是象徵經過蛻變的意思，他不是一開始就這麼衝的，是因為很想要突破，從蛹變蝴蝶要突破，一直很想往前走，所以就很積極的去做這件事情，代表很積極的完成，可是看馬的表情有點太過積極、太過頭！

頭盔上的小花表示天真，全身穿盔甲表示保護自己。

✦ 解牌心語 ✦

解牌的時候不會去看太多細節，就說，你太過頭了，太積極了，需要作計畫，不用太執著於馬上得到成果，有時候是急不得的。

關係關鍵字：強勢、失去耐性、急躁、突破、快速建立關係、直接。

寶劍皇后

寶劍皇后｜正位　　　　寶劍皇后｜逆位

▪ 概　義 ▪

正位：傳送思想、決定、鋒利、職業婦女、女性主管。

逆位：欺騙、懷恨、無法做決定、依賴、缺乏勇氣。

權力的感覺，比較像是職業婦女或是主管的位階。

要做一些傳達思想、信念，例如傳達神是愛我的，或是反核。有一定的影響力，所以會做一些宣示的動作，或是宣達他的信念，也代表職業婦女或女性主管的意思，必須做出一些決定。

椅子側面的裝飾有蝴蝶、月亮、小朋友，意思是還是有需要接受變化的考驗，兵來將擋，水來土掩。想法會比較長遠，例如為了下一代，比較有長遠計畫，跟上張牌的寶劍騎士不一樣。

寶劍騎士是衝的象徵，而寶劍皇后是有計畫的，他願意承受壓力，也經過蛻變，所以是蝴蝶，披風上有很多雲，意思是必須承受很多變化，接很多變化球。像是主管就是要做這種事情，有事情發生就是要處理，比較獨立。

上面有一隻鳥，表示獨立，用更高的角度看事情。

雲在下面，表示跟人很近，在變化，有切身關係，要做決定，隨時要接很多變化的狀態，甚至是身兼數職在運作，因為職業婦女，是媽媽也是主管，蠟燭兩頭燒。

穿白色的衣服，表示用單純的心去面對，想做好。

紅色的腳突出，代表熱忱、行動力也是重要的。

◇ 解牌心語 ◇

必須做出決定，承受很多變化的位階，隨時處於多變化、身兼數職的狀態，以單純心態面對，也必須具備行動力。

關係關鍵字：道德、追求完美、自我衝突、害怕自己處於弱勢或屈服。

寶劍國王

寶劍國王 | 正位　　　　　寶劍國王 | 逆位

▪ 概　義 ▪

正位：分析能力、既定思維、保護、防衛。

逆位：沒有同情心、沒有同情心、沒有決心、無力感。

劍是「保護」的感覺，不是進攻，防備心重，比較像是固有的模式。

活在自己思考的模式裡面，所以表情比較僵硬、不開朗，做事情會想很多，思考，分析，比較沒有信任自己的直覺，較為小心翼翼。

之前可能經歷過一些撞擊、事件，所以讓他變得小心翼翼，可是他又握有權力，比如說，國王本身就是有些權力。小至家長也是權力，或是我有權力做這些事情，可是他又小心翼翼，沒有辦法完全開放。這也代表既定思維，舊有模式，沒有辦法變通，保護自己，有點固執。

這張牌是風的元素，因為之前經歷過變化、無常歷練，所以他會比較沒有辦法讓自己放鬆。留意牌面上國王的表情，沒有很開心、悶悶的，看起來戰戰兢兢。

國王背後的圖案，有精靈、蝴蝶和月亮，表現過往的事件，包含感情或很多因素，因為他坐著，背後有這些圖案，代表他的內在、潛意識裡面，需要有一個人來幫助或輔佐他。

有兩隻鳥，代表他的伴侶講的話可讓他聽進去，或是好朋友，只有某人講的話他才聽，不然他就活在舊有的模式裡面，這個不明顯看到。

樹代表成長生長，樹跟風的元素是有關係的，因為要顯現風的感覺，要樹來陪襯。

寶劍牌組比較像捉摸不定，還是會成長的，要從基礎慢慢做起，而不是隨波逐流。

✧ 解牌心語 ✧

這張牌面的意思是，通常來說，背景包含比較深的含意是潛意識，你潛意識的狀態是穩定的，例如，他那麼沒有安全感，其實是希望得到穩定，而且有水，代表還是有溫柔的那一面。

關係關鍵字：嚴肅、距離感、疏離。

聖杯——被水波動的多情者

聖杯在四要素中象徵水，代表感情層面的特質，有著豐富的情感，願意為愛人付出。

聖杯1

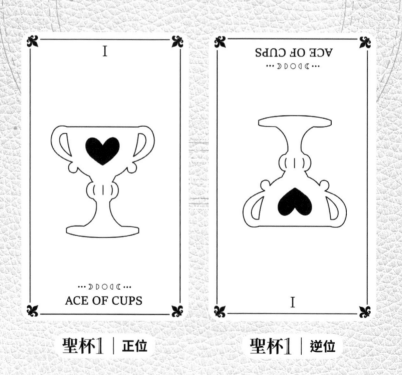

聖杯1 | 正位　　　　聖杯1 | 逆位

正位：掌握情緒、細心呵護、直覺開啟感受性強、感情的開端。

逆位：感情失落、分離、情緒失控、無法感受。

· 解 析 ·

代表情緒，掌控情緒。

手代表掌控，鴿子往下降，代表新的思考、思緒或是新的靈感。

水是從雲裡面展現出來的，他也代表是會變化的，情緒是會變化的，或是新的點子與想法，四散的水滴也會影響，代表氛圍，下面的浮萍浮在水面上，代表成長。

有些情緒與經驗會讓我們成長，或代表新事情、新看法，新的情緒，或是直覺，接受新的訊息、新的想法。

字母「M」代表接收接納，是一個象徵符號。水從聖杯中滿溢出來，往下流動，代表掌控情緒。

鴿子咬的是錢幣，代表新視野、新看法、想法、靈感、念頭，突然想吃什麼東西，突然想見誰，跟誰互動，也代表新的事情的發生。比如說，戀愛的開始，有時候發生新的事情會挑動你的情緒，比如說新的戀情、工作、旅程，期待某些事情的發生，都有可能會影響到你對這個事情的看法。

◇ 解 牌 心 語 ◇

解聖杯1，可以用生命靈數1的感覺加上水的感覺，再搭配對方給你的感覺。

我們有可能因為過去的印記而影響到新的看法，舉例來說小時候被狗咬，那種類型的狗，你就會開始有印記，這個意思是你已經忘記那個印記，撫平這個情緒，會重新開始，印記慢慢消失，已經不怕了，新的開始來面對目前的狀況或困難。

關係關鍵字：靈魂伴侶、新戀情或戀情來到新的階段、心靈滿足。

聖杯2

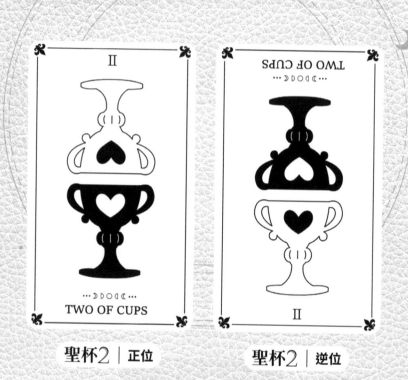

聖杯2 | 正位　　　聖杯2 | 逆位

▪ 概 義 ▪

正位：情緒交流、互相欣賞、和諧、對等、溝通良好。

逆位：無法溝通、不了解、執著、互相猜忌。

小戀人牌，情緒的交流、分享，互動的親密關係。比較熟悉了，曖昧關係，或互相了解，男生有想去碰女生的手，有點覷睨的感覺。

這張牌還有一個是說——互動，建立一個互動的關係，可以跟朋友互動，建立人際關係，代表好朋友、熟識朋友，有同理心。

蛇和獅子有一種獸性的感覺，也代表隱諱的企圖，或不一樣的想法。那個想法不會顯現在他互動的關係中，可能是內在裡面有其他想法，也可說是一種祝福，通常男生跟女生交流是有隱諱的企圖。

小房子代表和家庭、家族，都有關係，就是你會跟人家互動，跟家庭關係是有關連的，例如，你個性比較開朗，願意跟人家互動的，有時候家裡面會比較保守，不讓自己的孩子跟異性互動，也代表和諧，整個畫的氣氛是很輕鬆的。

女生的紅鞋代表熱忱，雖然有熱忱，但女生腳沒有動，女生是被動性的，男生是行動、主動。

女生身上藍色的衣服，代表行動、溝通，而且白色代表純潔，跟戀人牌很像，但戀人牌是沒有穿衣服，坦誠相對。可是這張牌還要注意形象，女生有點矜持，被動，在當時的時代女生都是這樣的。

男生身上的蝴蝶代表蛻變，代表帶著勇氣蛻變，男生跟女生交流也是需要勇氣，怕被拒絕。

✧ 解牌心語 ✧

男生問感情，就建議他要主動一點，對方對你印象也很好，曖昧關係。在感情的話，需要跟異性作情感上交流，心靈的敞開。

問金錢，你對金錢沒有很喜愛，只是覺得不錯，沒有很渴切的企圖心。

關係關鍵字：互相吸引、溝通交流、支持、好的伴侶。

聖杯3

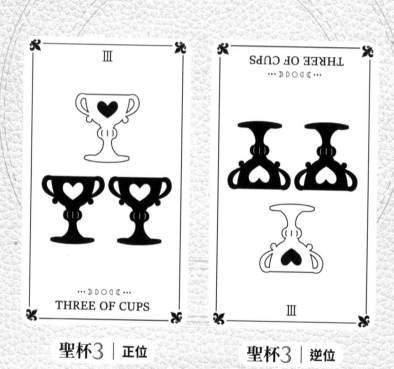

聖杯3 ｜ 正位　　　　聖杯3 ｜ 逆位

・ 概 義 ・

正位：慶祝、歡樂、享受、開心、值得、狂歡、豐收。
逆位：掃興、不開心、情緒失控、互相責怪。

慶祝、歡樂、分享，開心，一種歡樂的氛圍，一起去玩、聊天、唱歌，一種開心的狀況。

地上是熟透的南瓜，代表時機成熟。

最右邊女生，手上拿著葡萄，有水果，代表我們在做事情的時候，不會無緣無故慶祝，總會有些值得慶祝的事情。

✧ 解牌心語 ✧

時機成熟才有辦法慶祝，因緣聚合，也代表富足、豐富、友情的意思。

關係關鍵字：慶祝、興奮、歡樂的時光、聚會。

聖杯4

聖杯4｜正位　　　　　聖杯4｜逆位

▪ 概　義 ▪

正位：情感上感到無趣、無法接收新事物、獨處時光、消極。

逆位：行動、不滿足即將結束、接受新的事物、合作。

處於舒適圈，不想接受其他資訊，他有新的想法。

注意看牌面整個氛圍，雙手插在胸前，不想接受新的想法，拒絕接受他人的建議、想法，活在自己的世界當中，自以為自己不錯，有一定的能力，自我感覺良好，所以無法接收別人的建議和看法，自己有一套理論。

後面有一顆樹，樹代表支持與成長，他靠著那顆樹，代表他靠著自己的一套理論在生活，認為自己就會了，不願意接收新的事物，但其實理論不是只有一種，有好幾萬種。

雲裡出現的手，代表新的想法、看法、資訊，他都不要，某種程度上，代表滿足於現況。

前面的三個聖杯，代表原本可以用卻沒有用到，原本有機會學卻沒有學習，擺在那裡，沒有用沒有學，無法看見自己真正想要什麼，活在自己的世界裡面，用自己的想法去影響別人，一副覺得自己很厲害的樣子。

黃色的雲代表自信，如果你跟一個人講新的事物，對方不願意接受時，可能是對方沒有自信。

白色代表純潔，代表他不夠純潔，他想很多，有時候你好心跟他講，他會誤會你在計較或在損他。

✧ 解牌心語 ✧

活在自己的世界裡，容易自我感覺良好，也可能是沒有自信，想法很多，有資源卻沒善用學習。

建議個案用單純的心，去學習一件事情是比較容易的，可是你想太多就無法學習新的事情。

關係關鍵字：思考、冷漠、封閉自我、提不起勁。

聖杯5

聖杯5 | 正位

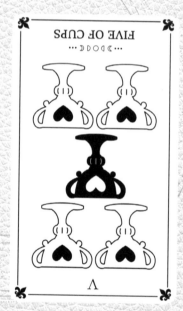

聖杯5 | 逆位

▪ 概　義 ▪

正位：注意悲傷失落、其實還是有資源、悲觀思想、單獨。

逆位：陷入無法自拔的情緒、放大恐懼、孤單、失去支持。

往往在面對一件負面事情的時候，都會以為我們失去很多，這張牌整個氛圍好像很孤單、很悲傷。

後面有兩個聖杯是站著，前面是躺著的，他都一直放大困難、失落、痛苦，可是他都忘記背後還有支持或是愛護他的人。舉例來說，有人失去工作，就否認自我價值，或忘記還有別人在支持他。有些人失戀就像是世界末日，忘記還有友情和親情在支持他，忽略支持他的人，卻把自己的悲傷和痛苦放大。

雙腳站著，代表呆呆站在那邊，有行動力，可是不去做。

水代表情緒，你很悲傷，可是外面的世界還是一樣在運轉，並沒有因為你的悲傷而停滯，水還是一樣的流動，背景的橋與房子還是一樣豎立著，你再悲觀難過，外面的日子還是一樣要過，不會因為你很悲傷、失戀了，水就不流了，地球還是在轉動，太陽還是從東邊出來。

倒下聖杯旁邊的紅色和綠色，代表心輪和海底輪，失去物質和信心，都可以顯現出來。

✧ 解牌心語 ✧

解釋時可以勸個案，發生悲傷情境，還是有很多人支持他，可往正向的方向去看，不要一直往負面的方向看，可以想想你的家人或朋友。

問工作，可以想想你的女朋友或家人的支持，看他問什麼問題，讓他聯想身邊支持的力量。舉例來說，有些人考公職屢次落榜，就失去信心，可是實際上還是有人支持他。有些人不慎遺失一筆鉅款，就喪失信心，可是實際上他還是有資源的，遇到困難去解決，讓自己有不一樣的看法和視野。因為悲觀過度的話，會罹患憂鬱症。

關係關鍵字：失望、害怕、悲傷、抗拒。

聖杯6

聖杯6 │ 正位   聖杯6 │ 逆位

▪ 概 義 ▪

正位：玩伴、單純、分享、重溫舊夢、餽贈、無私、天真。

逆位：忽略、遺棄、沉溺於過去、有條件的、隱諱的企圖。

無私的愛、單純、玩伴、重溫舊夢、餽贈、無私、天真，這個感覺好像是姊姊對妹妹的付出，是沒有要求回報的。

花是代表天真，聖杯裡面充滿了花。

旁邊是房子，房子給人的感覺是溫馨的避風港，有安全的感覺，旁邊有階梯，代表由上而下的給予，姊姊給妹妹，爸爸給兒子之類的無私分享、無私的愛，單純的心，單純的愛。回歸單純的心，或是青梅竹馬、兒時玩伴，都是牌意。

階梯旁邊的灰色盾牌，上面有個叉叉圖案，代表不需要去拒絕別人，不要拒絕別人。

左邊的守衛代表保護，他們是受到保護的，表現無私的愛，你會受到保護的，你若內心良善，必然是受到支持、保護的。

✧ 解牌心語 ✧

象徵無私的愛，前提是你必須是善良的，將會在無形當中受到保護和青睞。

問事業，可以做一些宣傳，是不要求回報的，例如可贈送樣品讓人家先試用，對你有幫助。

問健康，就是手腕和膝蓋會痠。

關係關鍵字：依靠、溫暖、依賴、回憶、保護。

聖杯7

聖杯7 ｜ 正位

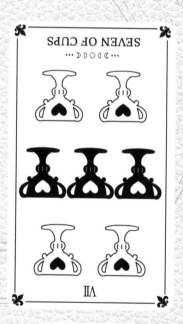

聖杯7 ｜ 逆位

▪ 概　義 ▪

正位：幻象、夢境、白日夢、想像太多、不切實際。

逆位：放空、沒有思緒、慾望減輕、面對自己。

夢幻象徵、會想很多卻都沒做，包含黑暗面跟積極面的很多面向。

為什麼是黑暗面，注意看人是黑的，往後看則是背影，隱諱的企圖，內在黑暗的想法。

聖杯裡的東西都是原型，會面對各種不同的狀況，每個都想要，可是都找不到或拿不到，聖杯在雲的上面，也代表完全的活在自我的思想裡面。

因為雲隨時在變化，看得到吃不到，幻象、白日夢、想像太多、不切實際。

✧ 解牌心語 ✧

這張牌要表達的意思是說，想要很多東西，可是都是想想而已，沒有實際執行，或是想用比較邪惡的方式來做，並沒有很腳踏實地去做。

關係關鍵字：不切實際、白日夢、選擇性、逃避現實、幻想。

聖杯8

聖杯8 | 正位

聖杯8 | 逆位

▪ 概 義 ▪

正位：放下眷戀，勇敢前行、單獨但不孤單、尋找自己想要的、放棄物質快樂追求心靈。

逆位：不願意突破、留戀其中、處於現狀。

▪ 解 析 ▪

放下一切，獨自踏上旅程，走自己的路。今天我們有做一些事情、抉擇，可能我們需要自己做一些決定，放下一切舊有模式，走自己的路，它不是毀壞，跟死神不一樣，他是放棄舊有思考、財產，就是想要走自己的路，沒有對錯，只是一個現象。

月亮代表陰晴圓缺，他必須接受很多考驗，所以月亮的表情跟整個感覺，畫出來的有半弦月跟圓月，代表可能會經歷過一些事情。

牌面有一條河，類似河或海邊的狀況，是彎曲的，也就是說他的路不是順利的，河裡有很多岩石，可是你必須要堅持支持自己。

這張牌跟隱者有點像，代表走自己的路，必須拋棄舊有實質上的東西，比如說拋棄現金、時間，拋棄你之前的模式之類的，跟隱者最大的差別是，他必須拋去原本的東西，隱者是只有往內看而已，傾聽內在的聲音，而這張牌是說你已經知道內在有一個渴望的聲音，自己想要走跟別人不同的路，這條路是自己決定要走的，跟別人一點關係都沒有，別人無法影響他。遠離目前的舒適區，遠離目前的狀態，還要去行動，是真的要走出去。

一個聖杯代表一個情緒，可以說是有很多情緒來攻擊、撞擊你。

❖ 解牌心語 ❖

當你要做自己，走自己路的時候，是不會順利的，會有很多攻擊、意見。

如果他問，堅持下去會不會有結果？那你要反問他，這真的是你要的嗎？如果是你要的就是好的，做你自己想要的，既然都做了，就好好加油，有些人是需要他人鼓舞來做決定。

有人失業抽到這張牌，可以反問他想做什麼？因為這張牌代表做自己的事情，如果真的他本身想退休，那就退休。

問感情，你們有沒有共同的信念來走、一起做決定？還是各自想法不同呢？

如果一對男女朋友談戀愛，各自在心裡有各自的想法，遲早會引爆爭執的導火線。

這張牌剛好是說，原來談戀愛的情侶，男生想要擁有自我空間，女生想要的則是在一起的生活方式，想法會不一樣。如果雙方可以講開來，不見得會分開，可是會有不同的生活，可能需要暫時抽離，暫時離開，這有很多可能性，還有可能是學習，暫時跑到哪邊學東西，一起與各自獨立想法，都只是現象。

關係關鍵字：放下原本擁有的、尋找、追尋、內心的落空感。

聖杯9

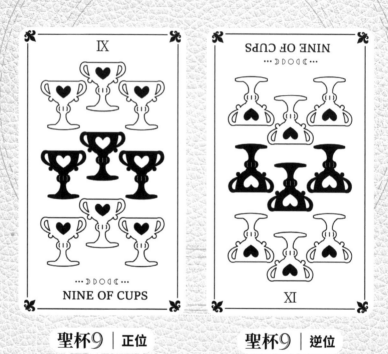

聖杯9 | 正位

聖杯9 | 逆位

▪ 概 義 ▪

正位：美夢成真、富足、開心、自負、享樂、享受。

逆位：無法享受、過度自負、享樂過頭、離夢想很遠。

· 解 析 ·

成功的商人，會有很多的資源，富足、開心、享受、享樂的感覺，他有很大的自信來自於他有很多的財產，是富裕的，是經過經營而來的。

感情上也是一種富足的狀態，代表他們很甜蜜。

雙手叉在胸前，代表富裕、自信的展現，他也不太接受別人的想法，我就是有錢，志得意滿，他行動力還好，已經有經驗了。

聖杯下的藍色布幕，他成功的背後是什麼？就是在布幕底下，你可以無限想像，成功的背後是蓋住的，不會讓人家知道，有可能是一種陷阱，背後有做些什麼不為人知的秘密，有隱諱企圖或黑暗面。

穿的衣服是白色橫條，表現他思緒還是很多，不是純白色的，愚者的裡面那件是白色。

✧ 解牌心語 ✧

這張牌以富足為主，心靈、感情、工作、親情的富足，都可以解釋。

他是經過經營的，比如說，他的錢、感情、事業、健康是經過經營而得來的資產，豐富的資源。

問健康，小心糖尿病，膽固醇，吃太好，小心便秘。

關係關鍵字：享受、富足、美夢成真、滿足。

聖杯10

聖杯10 | 正位

聖杯10 | 逆位

▪ 概 義 ▪

正位：和解、家人支持、互相合作、背後支持、歡樂、喜悅。

逆位：不合、家變、翻臉、不體諒、不支持、不理會。

家人的支持、互動、和解、合作、歡樂、喜悅，就是跟家人或是跟家族有連結，和穩定有連結。

和家有連結，就是父母親的支持，也可以解釋為朋友的支持，因為有些朋友跟家人一樣，代表家族和諧，和家族連結較有關係。

✧ 解牌心語 ✧

問學業，家族很支持你，你可以尋求家人的協助。

問感情，家人很支持你談感情，或是以結婚為前提，家人是希望你趕快結婚的。

或是在遇到其他問題的時候，有時候家人會支持。

關係關鍵字：家庭和諧、幸福、建立承諾、攜手前進。

聖杯侍者

聖杯侍者｜正位

聖杯侍者｜逆位

▪ 概 義 ▪

正位：專注自己想要的、單純、天真、心靈溝通。

逆位：無法專注、情緒干擾、煩、亂、三分鐘熱度。

好像跟魚在對話，有些小朋友跟動物、植物、物品會有連結。

小朋友代表天真單純的心態，會去跟其他事做連結，代表專注自己想要的。比如我想要做什麼事情，會找出很多方法來做，會控制自己的情緒，讓自己處於一個平衡的狀態。例如有些小朋友可能脾氣比較暴躁，遇到動物就會使他溫和，這張牌就是類似這樣的狀況，讓他情緒溫和的狀態。

聖杯侍者又代表單純，跟心靈溝通，上面的牌是動物，也可以指人跟人之間心靈溝通。

水代表情緒，後面的水代表還是有點情緒，有時候你跟動物，或是所討論的東西有交流的時候，還是有這些情緒。

這張牌代表跟非人類有交流，通常是動物，因為牌面上有一隻魚，所以可用這個比喻，水代表情緒，也是會被撥動的，假設把那隻魚放回去，他可能心情也會受影響。

◇ 解牌心語 ◇

問健康，注意手和眼睛。

問財富，你要專注於物質界的東西，專注於跟你喜愛的東西，比如說，你喜歡汽車，就可買車，喜歡黃金，就去買黃金，你喜歡股票，可以買賣股票，做你想做的事情，然後跟這件事互動，然後去從事那份工作。

關係關鍵字：靈性、靈感、敏感、互動、浪漫、脆弱。

聖杯騎士

聖杯騎士｜正位　　　　　　　聖杯騎士｜逆位

▪ 概 義 ▪

正位：穩定前進、夢想家、想法、變化。

逆位：資源不足、情緒失控、花心、不專一。

夢想家，穩定前進。

聖杯代表水，水代表情緒，穩定地往前走，牌面上的馬也是穩定的往前走，不是用跑的。

看之前的權杖騎士牌是有逃的感覺，然後寶劍騎士牌是衝的，這張聖杯騎士是穩定前進的感覺，也代表在某些程度上，他是自由的，可以用更高的角度看事情。

自由的意思是說，他有希望想做的事情，他用自我節奏穩定的做，他比較慢一點，他很有天馬行空的想法，因為他的盔甲上有兩個翅膀，他是會謹慎地往前走。

身上有紅色的魚，代表熱忱，自由。

✧ 解牌心語 ✧

馬代表穩定前進，騎士的腳也有翅膀，只要抓對節奏，照自我的速度穩定前進，但不一定是慢的，可是有自我的速度在，有一種說法，快就是慢，慢就是快，穩紮穩打。

關係關鍵字：穩紮穩打、穩定、溫柔、夢幻。

聖杯皇后

聖杯皇后 | 正位

聖杯皇后 | 逆位

▪ 概 義 ▪

正位：夢想家、同理心、專注心靈（信念）、包容、溫柔。

逆位：情緒導向、沒有生活重心、無法專心。

聖杯，這個部分是代表信念、想法，或是精神、心靈方面。

聖杯很特別，兩個天使，上面有個小小的十字架，感覺像教堂，他也代表精神，比如說，我專注於精神層面、內在尋求的真理，他有非常大的責任，想要去幫助別人或小朋友。後面椅子上有小朋友，他是很愛護小孩子的。

皇冠很重，他控制自己的慾望，專注於心靈層面的發展，想要幫助幼小的孩童，只專注於前面的東西。

✧ 解 牌 心 語 ✧

他覺得自己有責任要去幫助很多孤兒、小朋友，所以他給自己很大的壓力，專注心靈層面的發展。

關係關鍵字：敏感、精神追求、善良、溫婉、平衡。

聖杯國王

聖杯國王 │ 正位

聖杯國王 │ 逆位

▪ 概　義 ▪

正位：領導形像、控制情緒、潛意識浮出。

逆位：失去控制、發洩情緒、跟感情劃清界線。

聖杯國王代表親和力,情緒控制得宜,他也是正直善良的人,富有同理心,是一個很好的主管或老闆。

水代表情緒,也可以說他是一個很會控制情緒的領導者,但也有可能因為個性過於隨和,缺乏果斷決心,造成不必要的困擾。

✧ 解牌心語 ✧

富有同理心、善於管控情緒,但有時候會因為顧慮太多,而產生不必要的麻煩,也會因為顧慮人情世故,造成自己的損失。

問工作,適合商業、法律或是藝術相關之職業。

關係關鍵字:情緒穩定、智慧、善良、同理心。

錢幣──安土重財的實作者

錢幣在四要素裡象徵土，代表安全與物質世界，表現按部就班的特質，行事較為穩重。

錢幣1

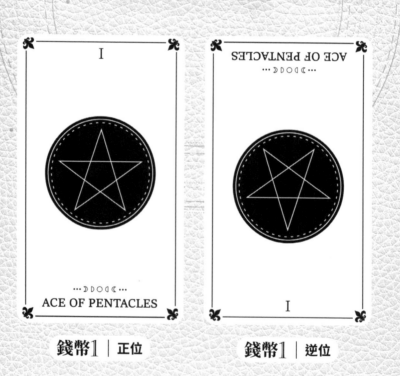

錢幣1 | 正位　　　　錢幣1 | 逆位

正位：新的投資、成長、加薪、化夢想為現實、掌握物質資源。

逆位：無法掌握資源、失去控制、財務壓力、投資失利 。

· 解　析 ·

掌握金錢或是掌握資源，事業或是工作的開始，或將有新的計畫，有關財務上的突破，或是得到新的物質上的東西。

✧ 解牌心語 ✧

總之這張牌，是由於錢幣代表土的元素，代表安全或金錢上的應用，握有相對資源的含意。

關係關鍵字：穩定、物質豐富、目標。

錢幣2

錢幣2 ｜ 正位　　　　錢幣2 ｜ 逆位

▪ 概　義 ▪

正位：周轉、失去平衡、情緒波動、游移不定 應付狀況。

逆位：周轉不靈、情緒壓力大、心事重重、不穩定。

‧ 解 析 ‧

一個人在前面站得不是很穩定，也就是說經濟或物質的支出收入，呈現不穩定狀態。

後面的船就是很好的印證，船好像在落差很大的水面上前進，但這樣的前進風險很高。

✦ 解牌心語 ✦

包含金錢周轉及與物質的交易，這張牌給人不穩定的感覺。

關係關鍵字：波動、選擇、危機、轉機、交流、流動。

錢幣 3

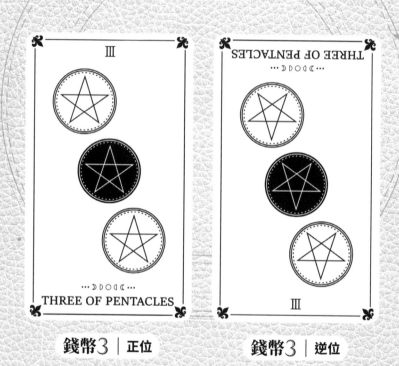

錢幣3 ｜ 正位　　　　　錢幣3 ｜ 逆位

▪ 概　義 ▪

正位：計畫、合作、詢問、團隊工作、初步完成、精神上的合作。
逆位：計畫失敗、無法合作、工作不滿意、無共識。

· 解 析 ·

錢幣3的感覺是一種計畫跟規畫，正準備將計畫實現，也代表堅定的信仰或很深的信任。

三個不同職業的人，生意人、建築師與神職人員在一起合作。

◇ 解牌心語 ◇

代表堅定要將計畫實現，遇見的對象，也代表相互合作或是一起學習。如果是戀愛關係，有可能是在工作場所認識，或是因為工作而認識。

關係關鍵字：合作、規畫、學習、協調、調和、工作中遇見的對象。

錢幣4

錢幣4 ｜ 正位　　　　錢幣4 ｜ 逆位

▪ 概　義 ▪

正位：守財奴、控制、物質的穩定、小氣、無法放下。

逆位：不穩定、無法掌握、守不住資產、失去原有的。

這張牌感覺到對於金錢的保守或執著，有節儉的感覺，緊緊抓住金錢或資產不放，腳還踩著金幣，頭腦想的也是金錢。

✧ 解牌心語 ✧

這張牌代表著你有一定的存款或資產，不願意輕易拿出來運用，而是守住這樣的安全感。

關係關鍵字：掌控慾、守財奴、守住不放、沒安全感、觀望。

錢幣5

錢幣5 ｜ 正位

錢幣5 ｜ 逆位

▪ 概　義 ▪

正位：艱困、物質上的貧窮、悲觀、慢慢前進、知識不足。

逆位：不協調、混亂、毀滅、不和、放蕩。

▪ 解 析 ▪

這張牌有一種落魄的氛圍，表現在財務、生活的壓力很重。

教堂上面的五顆星星，也代表須要有信仰或好的信念來支持、滋養空虛的心。

✧ 解牌心語 ✧

這張牌顯現可能在生活、財務上的負擔壓力很重，被社會或是原本的團體放逐，或是影射自己心境的感覺，也可能是精神上的空虛，須有精神糧食來支撐。

關係關鍵字：艱難前行、困難、自卑、內在匱乏、孤獨。

錢幣6

錢幣6 │ 正位

錢幣6 │ 逆位

▪ 概 義 ▪

正位：施與受、慷慨、公平的交易、精準投資、祈求。

逆位：挪用資金、貪婪、投資失利、不公平。

▪ 解 析 ▪

一個人左手拿著天平，右手給予金錢，這樣的感覺有點像在衡量這金錢給予的價值或是交換，也可能是使用金錢來掌控一切。

✧ 解 牌 心 語 ✧

期待在商業上獲得一個公平的交易，或是得到很好的服務，讓你覺得這個交易跟服務很有價值。

關係關鍵字：給予、仁慈、幫助他人、慷慨、支持。

錢幣7

錢幣7｜正位　　　　錢幣7｜逆位

▪ 概　義 ▪

正位：暫時豐收、思考、檢視成果、評估、收集資源。

逆位：損失、擔心、焦慮、過度開發、浪費、缺乏利潤。

牌面植物上面的錢幣果實，會聯想到是辛苦工作後的結果。

這有可能是有一個獲利穩定的投資，或是滿意的存款，你正在看著它，或是想著如何使用這些資產或是再投資，抑或是工作、無形資產賦予的地位與權力。

✧ 解 牌 心 語 ✧

這有可能是穩定投資、有形或無形資產，還是工作上給你的地位，權力，你正在觀察它並且想要規畫它。

關係關鍵字：努力得到回報、期待、長期投入。

錢幣8

錢幣8 | 正位   錢幣8 | 逆位

▪ 概　義 ▪

正位：專注、腳踏實地、耐心、技術人員、自律、注意細節。

逆位：缺乏訓練、輕率、虛榮、無法賺錢、沒有耐心。

他是一名工匠，專注於手邊的工作，腳踏實地的去慢慢累積資產，有可能他的努力而累積到一定的資產，讓他更無後顧之憂，可盡情地去從事他的興趣或是喜歡的工作。

✧ 解牌心語 ✧

這張牌的感覺有專注、腳踏實地的意思，凡是專注在自己的事物上面，一步一腳印地去做，金錢自然產生。

關係關鍵字：專注、忠誠、腳踏實地、穩固。

錢幣9

錢幣9 ┃ 正位　　　　　錢幣9 ┃ 逆位

▪ 概 義 ▪

正位：悠閒、放鬆、收穫、物質的享受、失去自由、無法全觀。

逆位：沒有資源、失去擁有的、環境危害、詐欺、受騙。

有一種貴婦的感覺，你正在享受美好的生活，那是因為你之前有努力工作，或是投資得到好的結果，也代表滿足、喜悅、快樂。

✧ 解牌心語 ✧

這是一張人生勝利組的牌，會得到美好豐收的結果，但前提是你之前必須努力過。

關係關鍵字：豐收、滿足、自信、享受生活。

錢幣10

錢幣10 ｜ 正位　　　　錢幣10 ｜ 逆位

▪ 概 義 ▪

正位：穩固安全、重視物質、繼承、繁榮、財富、團聚、家族。

逆位：沒有安全感、拒絕傳統、爭吵、家庭不和諧、義務。

有家族團聚的感覺，也有可能代表家族意識、家族觀念、家族文化，在工作上有可能會跟大公司合作或是成為大公司的一分子。

◇ 解牌心語 ◇

在財務上代表穩定成長，所有面向得到公司或是家族認同。

關係關鍵字：家族、傳統、富裕、長期關係、基礎穩定。

錢幣侍者

錢幣侍者 ｜ 正位

錢幣侍者 ｜ 逆位

▪ 概 義 ▪

正位：尋求知識、大地連結、物質目標、享受生活。

逆位：不切實際、不務實、工作過度、不專注、迷戀。

▪ 解 析 ▪

他是腳踏實地的年輕人，用功學生，或是專注於想要成就的人。依照自己的目標前進，也很會照顧人或是動物。

✧ 解牌心語 ✧

他願意在自己身上下工夫，但需要更有彈性的思考方式，有時候會太執著，也有可能比較無法接受別人建議。

關係關鍵字：專注於工作、務實、忠誠、忽略浪漫。

錢幣騎士

錢幣騎士 │ 正位　　　　　錢幣騎士 │ 逆位

▪ 概　義 ▪

正位：穩定、緩慢發展、保護自己、注重安全、過分物質。

逆位：頑固、不寬容、反對物質、失去重心、失去工作。

觀察細節，過於保守，等待的感覺。

總是要等到做好準備才肯行動，但有時候時機不等人，錯過了就錯過了！

✧ 解牌心語 ✧

這張牌表示無法真正的去冒險，這個時候必須替個案釐清問題，現在的你適合保守還是進攻？騎士掌握著資源，如果不去行動，優勢也許會變成劣勢。

關係關鍵字：重視結果、保守、規畫太久、責任感。

錢幣皇后

錢幣皇后 | 正位   錢幣皇后 | 逆位

▪ 概 義 ▪

正位：保護、需要、信任、安全感、內在活力、物質溝通。

逆位：冒險、不忠誠、財務困難、無法信任、膽怯、中斷。

錢幣皇后能用少量資源，去完成很多事情，並且能夠安然的度過一切危險，踏實並且實事求是，也有照顧他人的能量，信守承諾，給人保護安定力量。

✧ 解牌心語 ✧

這張牌顯現願意為他人做任何服務，也可能是長期投資的愛好者，懂得去分配資源，運用自己的能力，創造安全感。

關係關鍵字：慈愛、溫柔的支持、愛心、關懷。

錢幣國王

錢幣國王 │ 正位

錢幣國王 │ 逆位

▪ 概 義 ▪

正位：信賴的人、掌管金融、計畫、執行力負責、往內看。

逆位：剝削、固執、無安全感、混亂、過度保護、成長、過度追求。

他就好像是一家公司的董事長，會運籌帷幄來經營事業，運用手中
資源去創造財富，並且負責任、腳踏實地來達成營業目標，也是一
位慈善家，用各種不同的方式去幫助這個世界。

✧ 解牌心語 ✧

有條理規畫、善於運用資源來創造財富，同時也會鼓勵人追求
他想要的目標，並且腳踏實地的去運作。

關係關鍵字：慷慨、物質豐富、成功、成熟、可靠。

Chapter 4

牌陣應用

牌陣對塔羅初學者來說，抽出來的牌各別要如何解釋、代表什麼意義，很難從直覺立即得到資訊，但如果應用牌陣，就能清楚理解每張牌所代表的位置。

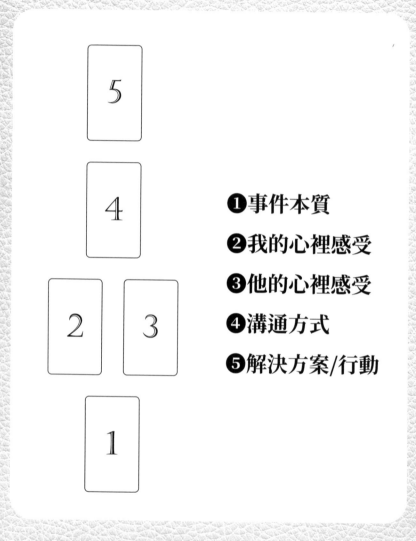

❶事件本質

❷我的心裡感受

❸他的心裡感受

❹溝通方式

❺解決方案/行動

事件牌陣

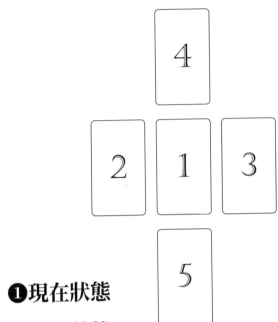

❶現在狀態

❷過去狀態

❸未來狀態

❹表意識/表現出來的樣子

❺潛意識/藏在內心的想法

想法牌陣

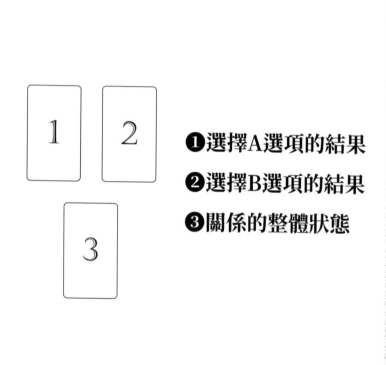

❶選擇A選項的結果

❷選擇B選項的結果

❸關係的整體狀態

選擇牌陣

```
        ┌───┐
        │   │
        │ 4 │
        │   │
        └───┘
┌───┐
│   │
│ 3 │            ❶態度
│   │
└───┘            ❷發展
┌───┐
│   │            ❸如何做比較好
│ 2 │
│   │            ❹高我訊息 / 建議
└───┘
┌───┐
│   │
│ 1 │
│   │
└───┘
```

關係翅膀牌陣

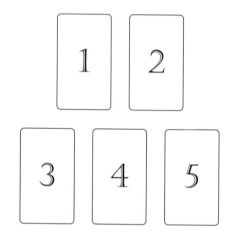

❶我在這段關係的狀態

❷他對這段關係的想法

❸短期發展概況

❹中期發展概況

❺長期發展概況

關 係 牌 陣

Epilogue

尾聲

最後的叮嚀

當你利用牌卡進行探索，如果抽出牌卡跟問題格格不入，請不要抗拒它，可以好好的探索，為何對這張牌排斥或是無法理解的狀態？在洗牌抽牌時常常抽到同一張牌，或許是它要給你訊息，才會一直出現在你面前。

深入探討的方法，可用冥想或是覺察生活跟這張牌義的連結。

✧ 客觀的解牌話語

基本上，解牌的話語都是依照牌義跟當下的直覺狀態說明，但是個案很容易會問關於好 、不好、對、不對、是、不是這種問題，但實際的狀況是每個問題都有牌義上面的可能性，沒有絕對的答案，只有機率問題，在過程中需要的是練習經驗，以及增加中性思維的探討。

✧ 牌陣使用秘訣

不同牌陣有不同牌陣的用法，目的是為了更精準的去探討問題，同時可增加牌卡的資訊來解析問題。

每張塔羅都有豐富的牌義及內涵，需要解析者慢慢發覺，當生活中用到塔羅解析時，就會觸發對某幾張牌的感覺。

因此牌義上的體驗，每位塔羅師也不會一樣，因為不一樣就會出現不同風格的塔羅師，成為塔羅師的最重要的基礎其實就是認識自己，認識自己是誰，適合什麼樣的生活，本來就沒有標準答案。

✧ 關於直覺的應用

解讀塔羅不只是牌義上的資訊，有時候也會有神來一筆的直覺，而轉變的發生必須從思考走。

像感覺可以跟個案比對，照著與個案的互動了解狀況，就如同開車，很多時候開車也是直覺反應，這種體驗需要大量練習得來，因此相信自己的直覺，是可以加速塔羅的準確度。

✧ 旅程的提醒者

　　人生就是一場旅程，每張塔羅就是這旅程當下的狀態，不管是感情、工作、事業、家庭、健康等問題、都有一定的軌跡，塔羅可提醒你當下的狀態，進而協助你作出決策。

Reverberate

迴響

塔羅解鎖心結與未來

臨近公司即將結束營業時刻，雖不至於人心惶惶，還能聽見和往常一樣的歡聲笑語，但我仍然感覺不對，到底是哪裡不對勁呢？

我感到頭痛欲裂。

偏頭痛是現代人的普偏毛病，但關於導因，能用排除法。壓力只是部分原因，更何況……對於感情的那些負面看法和低潮情緒，僅僅是稍離公司範圍，走到搭員工電梯的地方，頭痛症狀便淡化、心扉輕鬆許多。所以……為什麼呢？

人遇到困境，當然要懂得求助。我曾因上過老師的課而認識他，於是找老師幫忙抽塔羅牌做解析。

我抽到的牌卡，是聖杯4。

老師的那副牌很特別，不像一般會按照正立或倒立的，來分為正、逆位，而是正、反有不同形象畫面。

✧突破盲點，看到希望

看牌面，沙灘上倒著四個杯子，中間是大片的海，再遠方是船和天空；畫面帶著灰色調，微微透出一點死

寂。另一面，畫面也略顯黯淡昏黃，杯子同樣倒躺在海灘，中段沙地上有一些草，然後有人靠著樹坐著。

老師看圖瞭然，指著畫面解釋，叫我看畫面氛圍，並說聖杯落在海灘上，而船遠航。這也代表要收店是事實，而剩下的員工，即使領資遣費，不知該何去何從，沒有希望。另一面，聖杯雖也傾倒斑駁，可畫中人卻有樹能倚靠，這是不同之處。

有樹可靠的人是我，因為我除了上班之外，還在外面上了其他課程，並且有證照在手，要轉換方向，對我來說相對比他們容易。

但對於解牌提到有關自己較具優勢的話，我感到不理解，便請教老師。因為看人力銀行的資訊，要應徵的話，不少工作都會更傾向有經驗者。而據我所知，公司裡有幾位是工作了五年以上的資深員工，至少和白紙般的菜鳥比起來，再怎麼樣也算經驗豐富吧？

老師說照理是那樣沒錯，但另一方面，在同個地方，同一份工作做了那麼多年，他們已經適應並習慣了那樣的規章、模式，也只熟悉這個工作項目，這時一下子面臨變化、要做轉換，很容易因為潛意識裡對於未知的恐懼，產生看不到希望的負面感受。

我點頭，明白了自己的盲點。

✧ 惡人容易心生暗鬼

這時，一旁的同學說，雖然他們有工作經驗，但可能不想再從事相似的工作，但又不知道還能做什麼。

老師接著說，他們習慣了目前公司的制度、模式。他們會想，下一個工作，待遇會比較好嗎？然後去新的公司，大家都已經各司其事，會接納自己這個新人嗎？

這句話微微挑起了我的憤慨情緒，冷冷開口回應說道：「他們當初自己也沒有接納別人啊！」因為資歷不足的我，曾隱約聽聞，或者從他們聊天過程的隻字片語裡了解，對於我所喜歡的人，他們的挑剔、嫌棄，甚至抹黑。他們當初嘲笑尚不熟悉工作內容的我，我其實沒那麼在意，但他們對我喜歡的人，背後說的那些壞話，我其實相當介意。

老師說，正是因為如此，所以他們才會擔心。他們那麼對待別人，潛意識知道，也就怕自己被那麼對待。

✧ 學習覺察，劃清界線

老師寬慰我說：「公司也只剩下沒多久時間，放寬心、保持平靜心態。」他並提醒我「覺察」，覺察他們因為感覺沒有希望，而生出的負面能量，與自己區隔，不受影響。

老師的塔羅解析，既解決了我的疑惑，也說明了我解決方法。

老師解牌，不是那種死背硬記的死板，於是根據抽牌者的情況，結合牌卡的畫面去做說明，會注意讓抽牌者聽懂、理解，而且當中的一些舉例也很日常、生活化。感謝老師的幫助，我也會繼續努力學習塔羅。

老師是很好的範本，希望有一天，我也能像老師一樣幫助別人。

夕渾

塔羅牌星星為靈感的小說──
願 得 一 人 星

穆情醒來後，出神地盯著上方陌生的天花板，滿腦子只有一個問題。

這裡不是她家，那這裡是哪裡呢？

就在昨天，學校的期末考終於結束，為了這場期末考，穆情可算是熬了好幾天的夜。那天晚上，她是抱持著解脫的心情安然入睡的，她從來沒想過一陣爆睡後的自己，竟然會是在陌生人的房間裡醒來的。

不就是補個眠嘛？一覺醒來發現自己在別人的房間裡，是件很可怕的事耶！

穆情猛然起身，她焦急的在房間裡四處張望，試圖想從這個房間裡找出關於房間主人的蛛絲馬跡。只是，這房間連一張照片也沒有，她只能從掛在牆上的藍色制服來推測這房間的主人是個男的。

是男的才更糟糕啊！為什麼她會睡在一個男人的房間裡啦！？難道她是被綁架？

穆情急得像是熱鍋上的螞蟻，她慌張地看向房門，難道她該衝出去嗎？

不行！不行！現在衝出去，假如外面有人守著，那根本逃不出去！再說了，到底是誰把她帶來這裡的？把她帶來這裡的用意又是什麼？

✧鏡子前的陌生男孩

穆情煩躁地在房裡走來走去，在經過鏡子幾趟後，她才終於發現有什麼不對勁。

穆情全身僵硬地看向鏡子，她在鏡子裡看到的，是一個長相如哈士奇小狗般可愛討喜的男孩，只是此刻他的表情萬分驚恐，就像看到不該看的東西一樣。

鏡裡的男孩試探性地舉起自己的左手和右手，然後再狠狠地捏了自己的臉頰一下。很快的，白皙軟嫩的臉龐上，就出現了一道用力過猛的紅痕。

火辣辣的疼痛感在他的臉上蔓延，在意識到這不是一場夢後，一聲慘叫響徹雲霄。

「為……為什麼她變成男的了？」一夜之間一個女人變成一個男人？不可能不可能！這麼荒唐的事怎麼會發生在她身上呢？

就在穆情極度混亂的時候，房門「砰」的一聲，被重重地打開。

一個跟「他」長得很像的男人擔心地問：「阿晴，你怎麼了？」

穆情一臉呆滯，圓滾滾的眼裡迅速覆上了一層水氣，誰能來告訴她，現在到底發生什麼事了啊？！

穆情「哇」了一聲，很沒形象地哭了！那個男人快步走向她，將她攬進懷裡輕輕拍了拍，「哥哥就在這裡，已經沒事了。」

穆情花了十分鐘嚎啕大哭，在這十分鐘裡，原本屬於「牧晴」的記憶也跟著慢慢復甦。

✧ 重建新生活記憶

牧晴，與她的名字同音不同字，目前就讀鷹嵐高中一年級，明明長著一張容易讓人心生憐愛的可愛臉龐，在校成績也很不錯，但就因為他個性內向寡言，平時去學校，又都戴著一副大得能遮住他半張臉的眼鏡，導致他很難與別人打成一片，漸漸地就變成班上的邊緣人。

牧晴有個大他五歲的哥哥，名叫牧靖，他十分疼愛牧晴，在牧晴心裡他是全世界最好的哥哥，也是唯一能讓他敞開心房的人。

這大概就是她還能在這麼混亂的時候感到些許安心的原因吧。

發現牧晴冷靜得比自己想像的還要快，牧靖這才鬆了一口氣。

「阿晴，今天要不要陪哥哥一起吃早餐呢？」

牧靖的語氣聽起來，不但沒有一絲地不耐，反而還有著滿滿的包容和溫柔，別說是牧晴了，就連她這個跟他相處不到二十分鐘的陌生人，都對他存有非常高的好感度。

牧晴紅著雙眼點點頭，再怎麼樣，他也不想跟自己的肚子過意不去。

「那哥哥先下去準備了，阿晴你好了就下來吧！」

等到牧靖出了房門，牧晴的視線又再度回到那件制服上，奇怪，這件制服他好像在哪裡看過？

牧晴歪著頭，他苦惱的問題從原本的那件看起來眼熟的制服，到了他所處的這個世界到底是不是存在的？還是這裡是人家所謂的「平行時空」？

牧晴的頭好痛，要在線索不足的狀況下去得出這個問題的答案，實在是太為難自己了。

牧晴頂著發熱的腦袋來到飯廳，牧靖手上端著還冒著縷縷白煙的兩盤歐姆蛋，向他說道：「早餐已經準備好啦，趕快過來吧。」

只能說，這世界上假如有個好哥哥獎項的話，不頒給牧靖一座獎盃的話，真是太對不起他了，這麼溫柔又會做菜的哥哥哪裡找呀！

牧晴拿起叉子，往看起來鬆軟的歐姆蛋挖了一口，單是這麼一口，就足以讓他拋下那些還未解決的謎團，心甘情願的沉淪在他眼前的這盤歐姆蛋上。

牧靖寵溺地看著牧晴，但隨後他的眼裡又染上了淡淡的憂愁。

「阿晴。」

已經塞得滿嘴的牧晴只能歪著頭，用困惑的眼神來代替發言。

牧靖戳著盤邊的小番茄，試探性地問：「你是不是……又夢到在公車上遇到癡漢了？」

「癡漢？」牧晴第一時間還沒反應過來，直到幾段清晰畫面浮上腦海，他才想起來的確有這麼一回事。

大概是因為牧晴的長相太過軟萌可愛，導致他遇到癡漢的機率比別人高上許多，尤其是在公車上那種人擠人的地方，因為受害人沒地方可以逃，所以被害人就會更加狂妄猖獗，雖然牧晴也曾經上警局報過警，但因為沒有明確的證據，所以警察也不能拿對方怎麼樣，只要

那個痴漢繼續逍遙法外，牧晴就會每天活在恐懼中。

　　牧晴會選擇戴上眼鏡的原因大概也是為了要保護自己吧。

　　「難道不是嗎？」

　　穆靖的問題真的很不好回答，假如讓牧靖知道他的寶貝弟弟體內的靈魂是別人的，這應該比夢到癡漢還要來得恐怖吧？算了，還是就先讓牧靖這麼以為吧。

✧ 解開角色之謎

　　牧晴咬著叉子，含糊的嗯了一聲。

　　看到牧晴不想多說的樣子，牧靖也只能選擇不再多問，打算換個話題來轉移牧晴的注意力。

　　「阿晴，今天悠星不是在市民廣場那邊辦見面會嗎？你要不要去看看？」

　　牧晴又是怔了一回，「悠星？」

　　這名字好耳熟啊！

　　牧靖覺得有些奇怪，「你的同班同學啊，而且那孩子還是現在很有名的模特兒呢！」

　　悠星，有名的模特兒？一個模糊的畫面在他的記憶

裡載浮載沉，直到那個畫面清晰的浮上水面，他才終於想起來那個名叫「悠星」的模特兒到底是誰了。

《那顆星映著的是誰》裡的男主角啊！！

《那顆星映著的是誰》是之前穆情收藏在她手機許久的其中一部網路漫畫，她那時會收藏的原因，單純只是因為這部漫畫的畫風很合她的胃口，內容的部分她沒有細看，主角是超人氣的高中生模特兒——悠星，是穆情對這部漫畫的唯一認識。

穿越到她沒看過的漫畫世界裡！？饒了她吧！人家魂穿漫畫好歹或多或少都知道一些劇情走向，這樣至少心裡有個底，也比較好去應付接下來會發生的事情啊！

再說了，現在更重要的是，「牧晴」這個角色在漫畫裡到底是主角之一？配角？還是反派？角色定位直接給她來個未知……這是要她怎麼玩呀！

牧晴抱著頭，又再度陷入新一輪的崩潰。

牧靖又被牧晴突如其來的崩潰弄得手足無措，他家弟弟今天的情緒好像不是很穩定啊！

「阿晴，哥哥只是提議，你不想去就不要去……」

「不，我要去。」

「什麼？」

「我要去見面會！」他要親眼去確認牧靖口中說的悠星是不是他認識的那個悠星，假如是的話，那他就能確定自己的確是身在漫畫的世界裡，在什麼情況都還不知道的狀況之下，能夠先確定一件事是一件。

✧ 勇闖漫畫國度

悠星的見面會是早上10點開始，依照他對普遍粉絲的了解，大概早上8點就有人在那邊排隊了，還好他起得也算早，早餐吃完就能出門了。

牧靖站在門口，一臉擔憂地問：「阿晴，要不要哥哥陪你去？」

「不用啦！你今天不是已經跟梓哥哥約好今天要去約會的嗎？」

「可是……」

「沒事的！」牧晴跑過去抱住牧靖，「你要相信我啊！我可以保護好我自己的！所以你就安心的去約會吧！」

牧靖本來還想說些什麼，但在看到牧靖那寫在臉上的堅定神情後，他忽然有種自家弟弟在一夜之間忽然長大的感慨。

牧靖回抱住牧晴，語氣裡已經沒了先前的不安，「我知道了。那你路上小心喔。」

「嗯！那我出門了！」

市民廣場前，某期時尚雜誌的封面，被放大數倍擺在整個廣場最顯眼的位置，牧晴站在海報前，讚嘆著悠星身為漫畫男主角的超高顏值，他望向人頭竄動的排隊位置。嗯，果然這樣的顏值就會有這樣的粉絲量。

悠星的五官深邃，隱隱帶著若有似無的疏離感，那種帶著些許冷豔的氣質，讓他十分受到化妝品及時尚服飾品牌的青睞，只要代言人是他，被他代言的東西銷量就會直線上升，營業額不用說，絕對也是直線上升。

立在廣場上的這張海報，是悠星替某家口紅品牌拍的宣傳照，身穿西裝的他躺在撒滿紅玫瑰花瓣的床上，他胸前的扣子隨意敞開，露出白皙的精實胸膛。

他眼裡的淡漠在此刻逐漸軟化，透出了如蜂蜜般的甜膩撩人，印在他唇邊的口紅印，讓他這個年紀獨有的少年感不復存在，取而代之的是成熟大人才有的性感及誘惑力。

這張海報就是《那顆星映著的是誰》的封面，也是穆情收藏的主要原因。

看來這裡真的是那本漫畫的世界啊！既然這個問題已經確定了，那就回家吧，反正他也需要一點時間，去整理關於這個世界的相關訊息。

✧黑衣男的突襲

就在牧晴要轉身離開市民廣場時，此起彼落的尖叫聲劃破天際。他回頭一看，剛剛本來還排得好好的隊伍早就支離破碎，幾個身穿西裝戴著墨鏡，看起來就像是保鑣的高大男人，一臉著急的向騷動處跑去。

直覺發生什麼不好事的牧晴，一到那邊就看到方才的幾個保鑣圍著一個身穿黑色衣服的男人，那男人表情猙獰，手裡還拿著瑞士刀正不要命地揮舞著。

因為那個男人手上有武器，所以那群保鑣也不敢輕舉妄動，退到四周的人們一臉恐懼，完全不知道該怎麼辦才好。

其中一位保鑣向那個男人喊道：「先生！我們有話好好說，先把你手上的刀放下！」

那男人把刀指向剛剛向他喊話的那名保鑣怒吼道：「你閉嘴！我和你們沒什麼好說的！叫悠星那個渾蛋給我出來！」

「你想找悠星做什麼？」

「你管我要找他做什麼？還不快點把他給我叫出來！」

那個男人很明顯的就不是悠星的粉絲，但牧晴也沒心思再細想他這麼做的用意是什麼，不管用什麼方法，還是想辦法讓刀離開他的手上會比較好。

牧晴繞到那名黑衣男的後方，他點了點在他面前的那名保鑣，保鑣警惕地轉過頭，牧晴示意他噤聲，那名保鑣也機靈，很快就領悟到牧晴的意思，他稍稍後退，讓牧晴有空間可以往前。

「你不告訴我，我沒辦法讓悠星來見你。」保鑣說道。

「你讓他出來，你就會知道我要找他幹嘛了！」黑衣男子怒吼道。

牧晴躡手躡腳地往黑衣男的身後走近，在確認黑衣男的注意力並不在後方，牧晴就舉起他的後背包，朝黑衣男的腦袋狠狠砸去。

「唔……！」受到突如其來的重擊，那名黑衣男的身子一歪，他手裡的瑞士刀也跟著落地。

很好！成功了！

牧晴看準時機，對著黑衣男就是一個重重的過肩摔，黑衣男被摔得七葷八素，等他回過神來，他已經被狠狠地箝制在地面，無法動彈。

　　「我說這位小哥，帶著刀來參加偶像見面會，你的愛會不會太沉重了一點？」

　　黑衣男發現自己竟然被一個高中生制伏，氣到臉都紅了，他啞著嗓子向牧晴吼道：「臭小鬼！還不快放開我？」

　　「保鑣叔叔，麻煩你幫我打電話叫個警察好嗎？」很明顯的，牧晴根本就沒有要理會他的意思。

　　「可惡！放開我！放開我啊！」黑衣男奮力地掙扎著，只可惜，他越是掙扎，牧晴箝制住他的那雙手就會收得越緊。

　　「小哥，你別看我這樣，我的力氣還不小呢！所以你就別掙扎啦！冷靜一下，好好想想等等要怎麼跟警察說吧？」

　　因為興趣使然，牧晴在之前另一個的世界，就一次就把跆拳道和空手道都學了起來，而且考到的段位也都還不低，但其實他剛剛要出手之前心裡還真沒底。畢竟，他也不知道這具身體能不能跟上他的記憶。不過，從現在的情況看來，牧晴不只身體素質不錯，而且還

意外地力氣很大，在使出過肩摔的時候連他自己都嚇了一大跳。

被壓制在地上的黑衣男精神已經瀕臨崩潰，那雙佈滿血絲的眼裡，透著他執著於某項事物的癲狂。

「可惡的悠星，該死的悠星，要不是他！現在在這裡舉辦見面會的人就會是我的凱大人了……只要讓那個該死的悠星消失，我的凱大人……嗚嗚……」

看來這個人是個狂熱粉呢，而且還是很極端的那種。

「這位小哥，你幹嘛把自己搞得這麼累呢？我有一個更簡單的方法能夠實現你的願望，你想聽聽看嗎？」

聽到牧晴這麼說，那個黑衣男眼裡的癲狂更熱烈，他激動到全身都在顫抖，就像是已經看到他家的凱大人一樣。

「什麼！？想！想！你快點告訴我！告訴我！」

警車的鳴笛聲離他們越來越近，牧晴燦爛一笑，然後毫不留情地朝他的脖子狠狠地敲了一記，那人兩眼一翻，就這麼暈了過去。

「給我做夢去吧，混蛋。」

等牧晴作完筆錄，本來還一片混亂的會場，已經在

工作人員的安排下，恢復到先前井然有序的模樣。

工作人員拿著大聲公對還在排隊的粉絲們說：「悠星的見面會延至一小時後開始入場，造成各位的困擾真是萬分抱歉！」

延後一小時啊！這對粉絲來說應該是最好的結果了，只是延後，而不是取消。

✧意外變身VIP

「請問你就是牧晴同學嗎？」

叫住牧晴的是一個身穿深藍色西裝，紮著一束低馬尾的漂亮男子，他長得十分清秀，頗有古典書生的氣質，渾身上下都充滿了中西交融的華麗感。

「嗯，請問你是⋯⋯？」

牧晴向他露出溫和有禮的微笑，蘇沐楓向牧晴低頭致謝，「我是悠星的經紀人，非常謝謝你幫我們制伏了那位危險的狂熱粉絲，你應該沒有受傷吧？」

「我沒事，謝謝你的關心。」

路邊開始漸漸有電視台的車子停靠過來，牧晴就怕自己的見義勇為會被電視台大肆報導，牧晴趕緊向蘇沐楓說：「那個，我不想上新聞，也不想被採訪，所以關

於我的事能不能簡單帶過就好？假如能不提到我的話那更好！」

蘇沐楓笑了笑，「要完全不提到的話可能會有點困難，但是簡單帶過這點我可以向你保證，在見面會結束之際，我也會請悠星在官方粉絲團向粉絲們宣導，假如有錄到事件過程，請他們不要上傳到任何的網路媒體。」

真不愧是當紅模特兒的經紀人，連牧晴沒想到的，都幫他一起想到了。

因為這種事而引人注目也是挺麻煩的一件事啊，就各方面來說……。

「那就再麻煩你了。」

蘇沐楓看了一下手錶，「見面會也差不多要開始了……」

就在牧晴準備要告辭離開時，蘇沐楓向他丟出了一個很隆重的邀請。

「牧晴同學，假如你接下來有時間的話要不要來參加悠星的見面會？座位的部分你不用擔心，我會安排一個VIP席給你的。」

牧晴已經感受到來自粉絲的灼灼目光了，一滴冷汗

自他的臉頰滑落，「經紀人先生，你這樣不好跟一早就來這裡排隊的粉絲們交代吧？」

他才不想因為這樣被悠星的粉絲記恨呢！粉絲的力量是很可怕的，一個弄不好，第二個狂熱粉就出現了！

蘇沐楓還沒來得及回答，站在不遠處的粉絲已經先開口了。

「我覺得沒什麼不好交代的啊！你剛剛可是救了我們家悠星耶！是恩人！」

「嗯嗯！恩人！機會難得，你就來看看我們家悠星嘛！VIP席是可遇不可求的喔！」

「我們家悠星對粉絲超好的喔！我相信在這次之後，你一定也會迷上我們家悠星的！」

粉絲們七嘴八舌，不但對於牧晴插隊直接插到VIP席的這件事，沒有任何的不滿，反倒還積極的要他參加，去親身體會一下自家偶像的好。

牧晴默默地瞥了蘇沐楓一眼，心想經紀人先生，你們家的粉絲素質可真是高啊！看來臆測會被記恨什麼的，完全是他在瞎操心呢！

✧ 近距離看超級偶像

牧晴坐在距離舞台不到1公尺的座位上，他終於能理解為什麼VIP席會那麼貴，但依舊有粉絲願意捧著大把鈔票來買的原因了。

這就好比是影片的解析度一樣，越後排的解析度越低，即使用力想看清楚卻還是模糊一片；至於VIP席正是最高畫質1080P，是個能360度無死角欣賞自家偶像的最佳位置。

「讓我們用最熱烈的掌聲歡迎我們的悠星！」

主持人的嗓音高亢，粉絲們的尖叫聲從牧晴的身後傳來，要不是這次的見面會是露天的，不然照這樣的音量，估計屋頂早就被掀翻了。

今天悠星的打扮，並不像他平時在當模特兒時那樣的時尚華麗，簡單的白色上衣長褲，更能襯托出他那乾淨無暇的少年氣質，淺藍色的牛仔外套，替他添了點這個年紀該有的活潑率性。

真不愧是模特兒，這種隨處可見的穿搭，在他身上竟然又被昇華到另一個新高度……。

牧晴心裡感嘆著，視線恰好與剛走上舞台的悠星對到，一抹困惑自悠星的眼裡一閃而過。

牧晴很能理解悠星此刻的心情，畢竟就連他自己也很困惑，為什麼他會和一群知名企業的主管坐在一起，經紀人先生難道不覺得多了他一個，畫面看來會很突兀嗎？

牧晴抱著背包，尷尬地朝悠星點點頭，當作問好。

悠星對著牧晴淺淺一笑，這笑換得了全場粉絲的熱情尖叫，原來坐在牧晴旁邊看起來一臉嚴肅女主管，都已經露出少女懷春時會有的嬌羞表情了。

這就是他的超人氣同班同學啊……牧晴已經能想像悠星去到學校的時候會是什麼樣的情況了。

✧ 被超狂熱粉絲包圍

這次的見面會，主要是以採訪的形式來進行，由悠星抽籤，主持人來提問。

箱子裡的問題，都是從粉絲的信裡來挑選的。當然，能放在箱子裡的，一定都是能引起話題，但又不觸及悠星隱私的安全問題。

由悠星本人來親口解答粉絲們的最想知道問題，除了能鞏固原有的粉絲外，也能趁機擴大悠星的粉絲市場，這種活動在宣傳層面的確是起了不少作用。

在見面會要結束前的半小時，工作人員搬上了一台看起來好像很厲害的扭蛋機，透明的塑膠罩子裡，有數百顆的彩球在跳動，說是要由悠星來親手抽出，送給十名粉絲的親筆寫真集。

聽到這裡，底下的紛絲已經蠢蠢欲動，終於明白這張號碼牌的用途為何。

剛才在入場時，每位粉絲都有拿到一張號碼牌，工作人員也只有簡單提到這是後面活動會用到的小道具，請大家保管好，在經過台上主持人的一番說明後，大家對這張號碼牌投以熱烈目光。

由悠星親手給的親筆寫真集！還能跟悠星合照！這有哪個粉絲不想要的！？

牧晴只覺得自己的身後，有一波波的熱浪潮他襲來，都把他逼出一身汗來。

看來與這些粉絲們的熱情相比，連掛在天上的太陽都相形失色了。

「那麼！接下來就有請悠星幫我們抽出十位幸運的粉絲！」

主持人話音剛落，充斥著緊張氛圍的配樂響起，悠星慎重地走到道具前，伸手將在他正前方的旋鈕用力一轉，「喀拉」一聲有了，但扭蛋卻沒落下。

悠星不明所以地眨眨眼，在發現自己轉錯邊後，他默默地將轉錯的旋鈕轉向正確的方向，十顆彩球這才骨碌碌地，掉進放在扭蛋出口處下方的籃子裡。

大概是因為距離很近，所以牧晴很剛好捕捉到悠星難為情的模樣，雖然那是一瞬間的事。

牧晴的嘴角忍不住勾起了一抹姨母笑，這就是所謂的「反差萌」吧？怎麼感覺好像有點可愛？

「非常感謝廣大粉絲今天的熱情參與！請各位回家時務必小心！」

這場見面會就在主持人不變的高亢嗓音下畫下句點，牧晴坐在位置上，等著四周的人潮散去。

雖然會參加這場見面會，完全是在牧晴的意料之外，不過想了想這樣也是挺有趣的，或許他的人生中也只有這麼一次機會，能夠坐在VIP席上呢！

就在牧晴要起身離開的時候，又有人叫住他。

✧ 看見明日之星

「同學，請你留步。」

回頭一看，是剛剛與狂熱粉絲對峙的其中一名保鑣。

「怎麼了？」

「能方便請你跟我們來一趟後台嗎？悠星想親自向你道謝。」

咦？讓他坐到VIP席還不夠，現在竟然還讓悠星本人向他道謝？

牧晴不太能理解為什麼他們要做到這樣？難道是擔心感謝得不夠周到，怕他會拿這件事在網路上大做文章嗎？他看起來像是個那麼小家子氣的人嗎？

牧晴坐在悠星休息室的沙發上沉思著，果然，模特兒就跟藝人一樣，不論再怎麼不情願，禮數還是必須要做到盡善盡美才行呢。

休息室的門被打開，蘇沐楓朝牧晴笑了笑，「喔！你來啦？不好意思啊，悠星現在還被一大堆贊助商纏著呢！再稍微等他一下吧！」

牧晴點點頭，「經紀人先生，就算你們沒有找悠星道謝，我也不會去網路上亂說的喔。」

「看得出來你不是這種人。」蘇沐楓站在咖啡機前，沖了一杯咖啡和茶，「會讓你來到這裡，純粹是我和悠星的私心。」

牧晴聽得一頭霧水，撇除他是一個替他們解決大麻煩的好心人，他真的想不出來自己有哪裡是值得讓他們有私心的。

　　「悠星想親自和你道謝的私心，以及我想說服你，來當我們家旗下模特兒的私心。」

　　蘇沐楓的開門見山，差點讓牧晴手裡的那杯茶灑得滿地。

　　牧晴忽然覺得自己好像攤上了一件很麻煩的事，「悠星的私心我能理解，但經紀人先生的私心，我完全不能理解，所以請恕我拒絕。」

　　這是蘇沐楓第一次被回絕得如此乾脆利落，通常只要對方知道他是悠星的經紀人，他們原本警戒的表情就會變成心動和猶豫，那麼說服這件事也就不算太難。可這孩子連一點猶豫都沒有，想要說服他，還真不是件簡單的事。

　　「雖然在模特兒圈裡長相可愛的男模特兒也不少，但是像你這樣既可愛也能有男子氣概的男模特兒，可以說是少之又少，是我們公司完全沒有的模特兒類型，所以我才會強烈希望你能來我們公司當模特兒。」

　　蘇沐楓看到牧晴的第一眼，就直覺這孩子只要願意踏入模特兒界，就一定能紅，這跟他當初看到悠星時的感覺是一樣的。

「只要你進來我們公司，我會手把手帶著你，我有信心我一定能讓你變得跟悠星一樣紅，在不久的將來，我們公司的兩大支柱，就會是你和悠星了!」

蘇沐楓說得信誓旦旦，可是牧晴的眼裡依舊沒有動搖，牧晴沒有不相信蘇沐楓的理由。畢竟悠星的知名度是有目共睹，他知道蘇沐楓既然能捧紅一個悠星，那再捧紅一個他，的確不是問題。

只是，牧晴是真的沒有想要成名的打算，不然他剛剛讓蘇沐楓，把他的事簡單帶過幹什麼呢！就是不想太引人注意啊！他還是安分地混在人群裡，當個平凡的普通人就好了。

「經紀人先生，謝謝你的欣賞和邀請，只是成名對我來說是一件很困擾的事，而且我也不認為我的個性適合這個業界，所以不好意思，我要再拒絕你一次了。」

被牧晴給了兩次軟釘子的蘇沐楓也不惱怒，他很喜歡像牧晴這種能夠貫徹自己意念的人。

「唉，你明明就是個很有潛力的孩子……」蘇沐楓一臉可惜，然後從西裝口袋裡拿出一張名片，推到牧晴面前，「不過沒關係，等你哪天改變心意了，歡迎隨時來找我。」

「謝謝你。」雖然他是覺得自己不會有用到這張名片的一天啦！

✧好友＋1嗎？

休息室的門再度被打開，只見悠星的氣息不穩，他的額頭上還覆著一層薄汗，這很明顯就是一路跑過來的。

「抱歉，我來晚了。」

看到悠星本人出現在自己面前，牧晴拿起放在桌上的礦泉水，向他說道：「辛苦了，先喝個水喘口氣吧。」

悠星微微一愣，這還是他成名後，第一次有人能夠用如此平常的反應，來對待他的。

牧晴見悠星沒有任何動作，忍不住納悶，他這是怎麼了？難道是不想喝卻又不知道要怎麼拒絕他嗎？

蘇沐楓偷偷觀察著悠星此刻的反應，真是稀罕了，這孩子竟然會在他以外的人面前，露出如此毫無防備的表情。

蘇沐楓走到悠星身邊輕拍他的肩膀，「悠星，我去跟廠商確認一些事情，你們慢慢聊啊。」

經蘇沐楓這麼一提醒，悠星這才回過神來，趕緊接過那瓶水。

「謝……謝謝……」

「喔……」現在的他跟在鏡頭前給人的感覺很不一樣呢。

等蘇沐楓出了休息室，悠星毫不含糊地低頭彎腰，向牧晴說道：「今天的事非常謝謝你！然後害你遇到這種危險的事，真是萬分抱歉！」

牧晴輕輕嘆了一口氣說：「你的道謝我接受了，但你的道歉我可不接受。」

悠星猛然抬起頭，他緊握著水瓶，眼裡滿是不安和驚慌。

知道悠星一定是誤會的牧晴趕緊解釋：「我那句話的意思是！就不是你的問題，你為什麼要跟我道歉？」

「為什麼？因為是在我的見面會上……」

「等一下，等一下。」

悠星很聽話的沒了聲音，牧晴坐上沙發，拍拍離他不遠的地方說：「我們坐下來說吧。」

等悠星坐定了，牧晴繼續說：「那個人呢，是個眼裡只有偶像但是沒有腦子的狂熱粉，只要舉辦見面會的人不是他的偶像，一律都會被他視為敵人，不管今天辦在那裡的是誰都是一樣，這個就叫做『無差別攻擊』。

所以悠星，你現在還會覺得那是你的問題嗎？」

　　原來，這個人是在用這種方式，來告訴他這不是他的問題啊。終於明白牧晴話中含意的悠星，心裡輕鬆了，「嗯！我知道了，謝謝你。」

　　牧晴被悠星那釋然的燦爛笑容，晃得有些睜不開眼，真不愧是漫畫裡的男主角，太耀眼了！

　　「唉，假如你的粉絲知道，我用這麼隨便的態度在跟你說話，他們一定會拿著掃把來追殺我的吧……」

　　「不會的！其實……我一直希望有人能像你這樣，能夠以輕鬆自在的態度來與我相處。」

　　悠星會有這樣子的感受，牧晴也能理解，畢竟藝人也是人嘛！比起被特殊對待，或許他們更渴望大家能用普通的方式來與他們相處，尤其，像悠星這個年紀的孩子更是如此，他在學校會不會覺得自己格格不入呀？

　　牧晴用一種若有所思的眼神看著悠星，就在他想著以後去到學校是不是要再多照顧他一點的時候，悠星開口問道：「請問你叫什麼名字？我到現在都還不知道……」。

　　「我叫牧晴，也可以叫我阿晴，就看你想怎麼叫，你隨意就好。」

想要與他再更親近一點……基於這樣的想法，悠星懷著莫名的期待，小小聲地說：「那就……阿晴？」

「嗯。」

牧晴朝悠星微微一笑，悠星頓時覺得他的心裡，就像是被羽毛掃過一般，好像有點癢癢的。

「阿晴，我們之前是不是有在哪裡見過？」

在看到牧晴的第一眼，悠星就覺得這個男孩很面熟，但卻又想不起來是在哪裡看過。

牧晴訝異地眨眨眼，悠星竟然能覺得他眼熟？他有戴眼鏡跟沒戴眼鏡的樣子，差點連他自己都認不出來耶。

「嗯，以前見過，之後也會見到，畢竟我跟你是同一個班的。」

他們是同一個班的！？為什麼他會完全沒印象？悠星陷入混亂思緒，難道是因為他不常去學校所以連自己的同班同學都記不得了嗎？

「抱歉……」

「不用抱歉啦！你認不出我是正常的。」牧晴從背包裡拿出那副大眼鏡，然後戴了上去，「這樣，你應該就有印象了吧？」

臉上多了那副眼鏡，悠星這下真的有印象了！原來，坐在他前面的那個人就是牧晴。只是，現在的牧晴怎麼跟他印象中的牧晴，好像有點不太一樣？

「抱歉，在你們聊得這麼愉快的時候打斷你們……」之前說去跟廠商確認一些事情的蘇沐楓，帶著滿臉的歉意站在門口，「現在有個贊助商的高層想要見悠星，那個局我不太好推掉……」

「嗯，我知道了。」悠星垂下眼眸，語氣裡有著淡淡的失落。

牧晴背上背包，利落起身，「沒事，我也在這裡打擾你們太久了，謝謝你們今天的招待。喔，對了，經紀人先生，我能問你一件事嗎？」

還以為牧晴改變心意的蘇沐楓，立刻雙眼放光，語氣略顯激動，「行行行！你問！」

牧晴晃了晃手機，問道：「那，我能跟悠星加個好友嗎？」

看到蘇沐楓和悠星一臉懵的樣子，就怕他們誤會，牧晴趕緊解釋：「你們放心，我對當狂熱粉這件事沒興趣，我只是想說我跟悠星剛好同班，他沒來學校的時候，總要有人罩他一下的吧？」

蘇沐楓倏然轉頭看向悠星，「你們兩個是同班同學！？」

感受到自家經紀人的震驚目光，悠星點點頭，「嗯，是同班同學。」

以為他們倆還在懷疑自己的牧晴，聳聳肩說：「我就是問問而已，不行的話就算了。」

「也沒……」

「沒有不行！」

悠星的反應之大，不只是蘇沐楓和牧晴，就連他自己都嚇了好大一跳，他這是怎麼了呢？

就在悠星還在為自己的失控感到不解時，牧晴噗哧一聲地笑了出來。他還真沒想到，平時看起來沒什麼情緒起伏的人，私底下竟然有著情緒如此豐滿的一面。

外冷內熱的男主角啊，這設定的確是挺討人喜歡的！

「知道了知道了！不是要加好友嗎？來吧！」

悠星羞紅著臉，把牧晴加進了好友列表裡。

牧晴笑著說：「假如經紀人先生不放心的話，我不介意悠星把我們的對話紀錄給你看。」

蘇沐楓誇張地嘆了一口氣，「唉，我本來就沒說不行的好不好！你們兩個都在比嘴快的，根本就不給我把話說完的機會啊！」

牧晴又呵呵笑了幾聲，這位經紀人先生就跟悠星一樣，完全沒有架子，跟他們相處起來挺自在的。

「你們不是還有事要去忙嗎？還是別讓人家等太久比較好喔？」

蘇沐楓一拍腦門，「唉喲！差點就把正事給忘了。」

「悠星，我們趕快走吧！牧晴，剛剛帶你來的保鑣，已經在外面等你了，不好意思啊，我們沒能親自送你。」

「沒事呢，正事要緊。」牧晴燦爛一笑，然後朝悠星揮揮手，「那悠星，我們學校見！」

✧ 對話開啟友誼大門

牧晴的離開，使得悠星眼裡的光芒逐漸黯淡，不消多久，悠星又恢復到他平時冷淡疏離的樣子。

這還是蘇沐楓第一次在悠星身上感受到所謂的「反差萌」這回事，他家悠星竟然是這種人設的！？他怎麼都不知道？

在震驚之餘，如同老父親般的寬慰，湧上蘇沐楓的心頭，他家悠星終於有了像孩子的一面了！

等他們從贊助商那裡脫身，天空已經是漆黑一片，難得接下來沒有任何工作安排的悠星，早早就被蘇沐楓給送回家了。

悠星躺在床上，看著在新好友列表裡的牧晴，他的目光變得柔軟，點開聊天室，尚未有任何對話的一片空白。

不希望他們的關係，只因為短暫的一面之緣而疏離，他皺著眉，思考著要用什麼話來當起頭。

思考許久，悠星最後選擇用貼圖來打頭陣。

貼圖是一扇木門前，有隻小小的哈士奇直挺挺地坐在門口，那背影透著一絲絲的寂寥，似乎是在想說，為什麼主人到現在都還不回家呢？

「回家了嗎？」圓滾滾的字體在一旁，精準的道出小哈士奇此刻的心情。

悠星緊張地盯著那個貼圖，但「已讀」這兩個字卻遲遲不出現。

悠星的眼裡，染上了與那個貼圖相似的寂寥，為了不讓自己的心思都在這上面，悠星拿起放在一旁的睡衣，往浴室走去。

二十分鐘後，整個身子暖呼呼的悠星坐到床邊，打開手機，牧晴聊天室旁的紅點正歡快地閃爍著。

　　悠星飛快地點開聊天室，一隻臉上漾著燦爛笑容的小松鼠，捧著滿手果實，出現在他的貼圖下方。

　　悠星的嘴角微微一勾，這個貼圖跟阿晴真像，那種莫名的療癒感，光是看著就能讓人心情愉悅。

　　牧晴：「早就到家啦！你呢？還在工作？」

　　悠星：「今天晚上沒工作，我也已經在家了。」

　　或許是牧晴此刻剛好也在用手機，所以他回的速度極快。

　　牧晴：「辛苦了～你吃飯了嗎？我跟你說，我哥哥今天晚上煮的火鍋可好吃了！雖然吃得很撐，但是很滿足！」

　　悠星立刻明白牧晴就是個吃貨，想要與吃貨拉近關係，很簡單，靠美食就行了。

　　悠星：「謝謝阿晴，我是吃完飯才回家的。阿晴，你喜歡吃火鍋？」

　　牧晴：「喜歡啊！應該說，只要是好吃的東西我就喜歡！」

　　悠星：「那……作為答謝，我想請你吃個飯，可以嗎？」

怕牧晴感到有負擔，悠星趕緊補傳了一句話過去。

悠星：「阿晴放心，不會太貴的！我就是想跟你交個朋友而已。」

牧晴：「其實，你不用做到這樣的。」

牧晴的這句話，讓悠星的腦袋瞬間冷靜了不少，他這樣是不是讓他感到不自在了？

悠星垂著眸，他的指頭沉重地在手機螢幕上按著。

悠星：「抱歉，是我太急了，吃飯這事我們等之後吧。」

就在悠星要按下傳送的那一刻，牧晴接下來的訊息，讓他立刻把他原本要送出去的話全數刪掉。

牧晴：「我們早就是朋友了呀！」

悠星的耳邊似乎傳來了牧晴的聲音。

「朋友」？悠星撫上心口，他的心跳聲看似與平常無異，可是他卻覺得這其中好像多了點什麼，而且，感覺是他會喜歡的那種什麼。

牧晴：「不過，既然我的朋友都麼說了，那我就不客氣啦。」

悠星：「那阿晴想吃什麼？告訴我，我來安排。」

牧晴：「那你喜歡吃什麼？」

沒想到牧晴會如此反問他，悠星想了想便回：「拉麵……之類的。」

牧晴：「嗯，那我們就去吃拉麵吧。大明星推薦的拉麵店啊……一定很好吃。」

一隻口水流滿地的松鼠貼圖，緊跟在那段對話之後，這就是牧晴現在的心情寫照。

悠星：「嗯，那等我的消息。」

牧晴：「當然沒問題，等你的好消息啊！」

悠星看向窗外，漆黑的夜空上，幾顆零散的星星閃爍著。

其實，他就像是天上的這些星星，夜夜發亮，但卻不知道是為了誰亮，直到今天，他終於知道自己該為誰而亮。

他想為那人而亮，希望自己在那人的眼裡是最獨一無二的存在，能映在那人眼底的那顆星，只能是他。

（END）

忘憂

攻略情感 —— 塔羅透視關係

作　　　者／吳景斌 MIT、馮暄澄
牌 卡 設 計／林雅婷
出 版 統 籌／成積有限公司
責 任 編 輯／湯蕙華、胡文瓊
美 術 編 輯／賴　賴
協 力 製 作／本是文創
企畫選書人／賈俊國

總　編　輯／賈俊國
副 總 編 輯／蘇士尹
編　　　輯／黃欣
行 銷 企 畫／張莉滎、蕭羽猜、溫于閎

發　行　人／何飛鵬
法 律 顧 問／元禾法律事務所王子文律師
出　　　版／布克文化出版事業部
　　　　　　臺北市中山區民生東路二段 141 號 8 樓
　　　　　　電話：（02）2500-7008　傳眞：（02）2502-7676
　　　　　　Email：sbooker.service@cite.com.tw
發　　　行／英屬蓋曼群島商家庭傳媒股份有限公司城邦分公司
　　　　　　臺北市中山區民生東路二段 141 號 2 樓
　　　　　　書虫客服服務專線：（02）2500-7718；2500-7719
　　　　　　24 小時傳眞專線：（02）2500-1990；2500-1991
　　　　　　劃撥帳號：19863813；戶名：書虫股份有限公司
　　　　　　讀者服務信箱：service@readingclub.com.tw
香港發行所／城邦（香港）出版集團有限公司
　　　　　　香港灣仔駱克道 193 號東超商業中心 1 樓
　　　　　　電話：+852-2508-6231　　傳眞：+852-2578-9337
　　　　　　Email：hkcite@biznetvigator.com
馬新發行所／城邦（馬新）出版集團 Cité（M）Sdn. Bhd.
　　　　　　41, Jalan Radin Anum, Bandar Baru Sri Petaling,
　　　　　　57000 Kuala Lumpur, Malaysia
　　　　　　電話：+603- 9057-8822　　傳眞：+603-9057-6622
　　　　　　Email：cite@cite.com.my
印　　　刷／韋懋實業有限公司
初　　　版／2024 年 01 月
定　　　價／380 元
I S B N／978-626-7431-09-2
E I S B N／9786267431078（EPUB）

城邦讀書花園　布克文化
www.cite.com.tw　WWW.SBOOKER.COM.TW